bio spielend lernen

Biologie 5. bis 10. Klasse
Pflanzenkunde
Kopiervorlagen für Rätsel und Spiele

von Friederike Naroska

Ernst Klett Verlag
Stuttgart Düsseldorf Leipzig

Gedruckt auf Recyclingpapier,
hergestellt aus 100% Altpapier.

1. Auflage

A1 5 4 3 2 1 | 2002 2001 2000 99 98

Alle Drucke dieser Auflage können im Unterricht nebeneinander benutzt werden, sie sind untereinander unverändert. Die letzte Zahl bezeichnet das Jahr dieses Druckes.

Internetadresse: http://www.klett.de

Autorin: Friederike Naroska, Tübingen
Fotos und Grafiken: Friederike Naroska, Tübingen

Umschlaggestaltung: Elke Müller, Schwäbisch Hall

Repro: H & N Repro, Stuttgart
Druck: Druckhaus Götz GmbH, Ludwigsburg

ISBN 3-12-722833-3

Der Mensch soll lernen.
Nur die Ochsen büffeln.
(ERICH KÄSTNER)

Liebe Lehrerinnen, liebe Lehrer,

die vorliegende Rätselsammlung soll dazu beitragen, dass Schülerinnen und Schüler Spaß am Lernen von biologischen Fakten – besonders im Bereich der Pflanzenkunde – haben, und Ihnen helfen, den Unterricht Schüler motivierend und Schüler aktivierend zu gestalten, ohne dabei auf fachlich-sachliche Exaktheit zu verzichten.

Die Rätsel sind klar strukturiert und abwechslungsreich aufbereitet. Die Kopiervorlagen können im Unterricht als Ergänzung oder zur Auflockerung, als Anregung oder Wiederholung, in manchen Fällen auch zur Lernerfolgskontrolle eingesetzt werden. Da die meisten Rätsel als Einzelspiele konzipiert sind, können sie auch als Hausaufgaben Verwendung finden.

Inhaltlich decken die Rätsel und Spiele eine Vielzahl von Themen der Pflanzenkunde ab:

- Ordnung im Pflanzenreich
- Aufbau
- Stoffwechsel
- Vermehrung und Verbreitung
- Bewegung
- Pflanzen verschiedener Standorte
- Nutzpflanzen.

Bei allen Kopiervorlagen in diesem Buch sind die Pflanzen (und Tiere) so gezeichnet, dass sie mit Buntstiften angemalt werden können. Dadurch bietet sich eine zusätzliche Möglichkeit, die Kinder zur Beobachtung in der Natur oder zum Nachschlagen in einem Naturführer anzuregen.

Neben den „Arbeitsblättern“, deren Schwerpunkte mehr in der Vermittlung von Information, der Bearbeitung einer bestimmten Problemfrage oder in der Anleitung zum wissenschaftlichen Arbeiten zu sehen sind, steht hier bei den meisten Rätseln das spielende Lernen im Vordergrund.

Der übersichtliche Aufbau der Doppelseiten erleichtert Ihnen die Benutzung: Auf der rechten Seite finden Sie in der Regel die Kopiervorlagen für Rätsel und Spiele, auf der gegenüberliegenden Seite die Lösungen, unterrichtspraktische Hinweise und Zusatzinformationen.

Jede Hinweisseite beginnt mit einer Kopfleiste. Diese verschafft Ihnen einen schnellen Überblick über:
Klassenstufe, in der die Rätsel eingesetzt werden können,
Spieldauer, eine Angabe, aus der Sie ungefähr die Zeit, die zur Lösung der Rätsel im Unterricht eingeplant werden muss, abschätzen können,
Anzahl der Personen, eine Angabe, ob das Rätsel oder Spiel alleine oder zu mehreren gelöst oder gespielt werden kann,
Angaben über die Hilfsmittel, die Sie als Lehrerin oder Lehrer (L) den Schülerinnen oder Schülern (S) zur Verfügung stellen oder mit diesen vorbereiten müssen.

Weiter finden Sie auf dieser Seite Hinweise zu Themenkreisen (Lehrplanbezug), die in Zusammenhang mit den Inhalten der jeweiligen Rätsel stehen und nach deren Bearbeitung die Begriffe in den Rätseln bekannt sein sollten.

Die Lösungen der Rätsel sind in den Fällen, wo es sinnvoll erscheint, kommentiert. Die Lösungswörter setzen sich meist aus mehreren Buchstaben, die Bestandteil der einzelnen Antworten sind, zusammen. In den Teillösungen sind die entsprechenden Buchstaben fett gekennzeichnet.

Die Zusatzinformationen stellen Ihnen zum Beispiel Beschreibungen der im Rätsel vorkommenden Pflanzen und anderes Wissenswertes zu dem jeweiligen Thema zur Verfügung.

In den INFO-Kästen werden die Lerninhalte kurz zusammengefasst, sodass sich auch fachfremd Unterrichtende schnell über die biologischen Zusammenhänge informieren können. Zu vielen Themen sind „Rekorde“ im Pflanzenreich zusammengestellt, die zusätzlich zum Beispiel als Quizfragen genutzt werden können.

Tübingen, im April 1998

Friederike Naroska

Irrwege: Eine „echte“ Pflanze?

Klassenstufe	Spieldauer	Personen	Vorbereitung
5./6. Klasse	5 min	Einzelspiel	L: Vorlage kopieren

Einstieg

Kennzeichen des Lebendigen

INFO!
Biologie ist die „Lehre vom Lebendigen“. In der Biologie wird genau beschrieben, welche Eigenschaften ein „Wesen“ haben muss, damit es als „Lebe“-Wesen sozusagen wissenschaftlich anerkannt wird:
- Lebewesen haben einen Bauplan, nach dem sie aufgebaut sind.
- Lebewesen haben einen Stoffwechsel.
- Lebewesen wachsen und vermehren sich.
- Lebewesen haben die Fähigkeit, sich zu bewegen.

Ein Teilgebiet der Biologie ist die Pflanzenkunde. Man sagt auch **Botanik**.
Das andere Teilgebiet ist die Tierkunde oder **Zoologie**.

Zusatzaufgaben

Was ist der Unterschied zwischen
- einer lebenden Efeupflanze mit kräftigen, glänzend grünen Blättern und einer Efeuranke aus grünem Plastik?
- einer Papierblume und einer frischen Tulpe?
- Blättern einer echten Palme und denen einer künstlichen?

Lösungen

Die Ackerschnecke kommt aus dem Blumentopf, in dem eine Pflanze wächst.

Z Unterschiede anhand der „Eigenschaften eines Lebewesens“ aufzeigen.

Irrwege: Eine „echte“ Pflanze?

In vielen Gaststätten und in Schalterhallen von Post- oder Bankgebäuden stehen riesige Kübel mit Grünpflanzen. Diese Pflanzen sehen meistens täuschend echt aus. Sie leben aber nicht, sondern sind aus Kunststoff „naturgetreu“ nachgemacht.

Schnecken raspeln gerne frische Blätter ab und erkennen sofort, ob eine Pflanze echt ist oder künstlich. Nur in einem der hier abgebildeten Blumentöpfe wächst eine echte Pflanze.

Welche Schnecke hat sich daran satt gefressen?

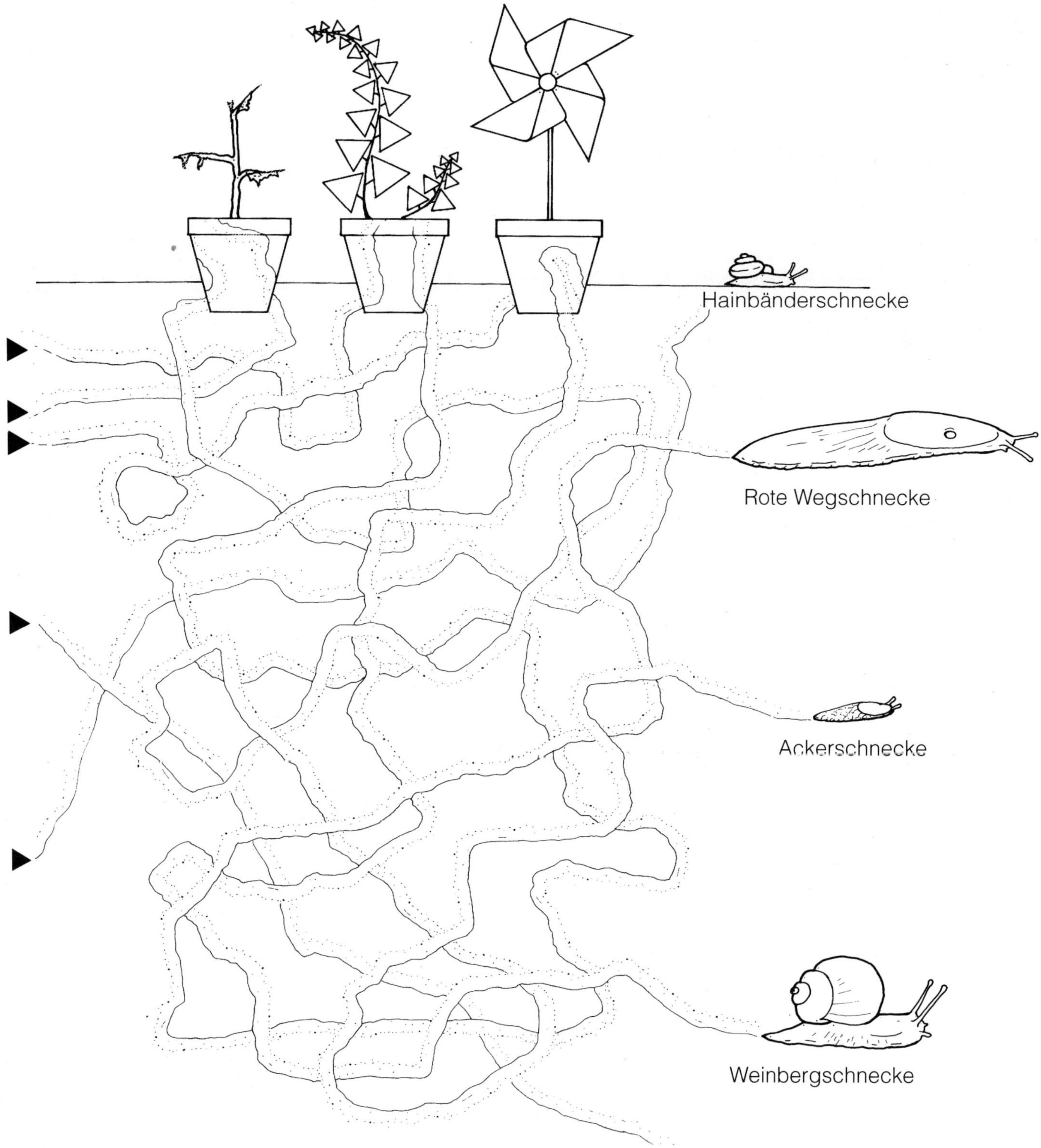

Lückentext: Wie ist eine Pflanze gebaut?

Klassenstufe	Spieldauer	Personen	Vorbereitung
5./6. Klasse	10 min (Text)	Einzelspiel ✏	L: Vorlage kopieren S: Farbstifte

Einstieg

Organe der Blütenpflanzen
Baumerkmale der Blütenpflanzen
Die Aufgaben von Stängel, Blatt und Wurzel
Lebewesen bestehen aus Zellen

INFO!
Der „Körper" der Pflanzen ist anders gebaut als der Körper der Tiere. Die einzelnen „Bausteine" der Pflanzen sind zwar **Zellen**, genau wie bei den Tieren. Die Wände der Pflanzenzellen enthalten aber den Baustoff **Cellulose**, der sie besonders fest macht. Dadurch bekommt die Pflanze Halt.
Die meisten Pflanzen, die wir kennen, sind **Blüten-** oder **Samenpflanzen**. Sie stecken mit einem Teil ihres Körpers in der Erde. Das ist die Wurzel. Der Teil, der aus der Erde herausragt, ist der Spross. Zum **Spross** gehören **Stängel**, **Blätter** und **Blüten**.

Lösungen

Das Lösungswort heißt: WASSER.

1 **W**urzel, 2 Bl**a**ettern, 3 **S**taengel, 4 **S**tamm, 5 Blu**e**ten, 6 Sp**r**oss

Die abgebildete Pflanze ist ein Buschwindröschen.
Beschriftung von oben nach unten:
Blüte, Blätter, Stängel, Spross, Wurzel.
Besonderheit beim Buschwindröschen: Erdspross als Reserveorgan.

Lückentext: Wie ist eine Pflanze gebaut?

Die verschiedenen „Körperteile“ oder Organe einer Pflanze haben unterschiedliche Aufgaben – genau wie bei uns Menschen oder bei den Tieren. Kannst du die verschiedenen Aufgaben den Organen zuordnen?

Ergänze in den folgenden Sätzen die Bezeichnungen der Pflanzenteile.
(ä, ö und ü sind zwei Buchstaben: ae, oe und ue)

1 Die ▲ _ _ _ _ _ hält die Pflanze im Boden fest.

2 In den grünen _ _ ▲ _ _ _ _ _ _ _ werden Nährstoffe hergestellt.

3 Der ▲ _ _ _ _ _ _ _ trägt Blätter und Blüten. Er gehört zum Spross.

4 Bei Bäumen wird der Spross besonders dick und hoch.

Man nennt ihn ▲ _ _ _ _ .

5 Die _ _ _ ▲ _ _ _ sind die Fortpflanzungsorgane der Pflanzen.

6 Bei den meisten Pflanzen wächst der _ _ ▲ _ _ _ _ oberirdisch.

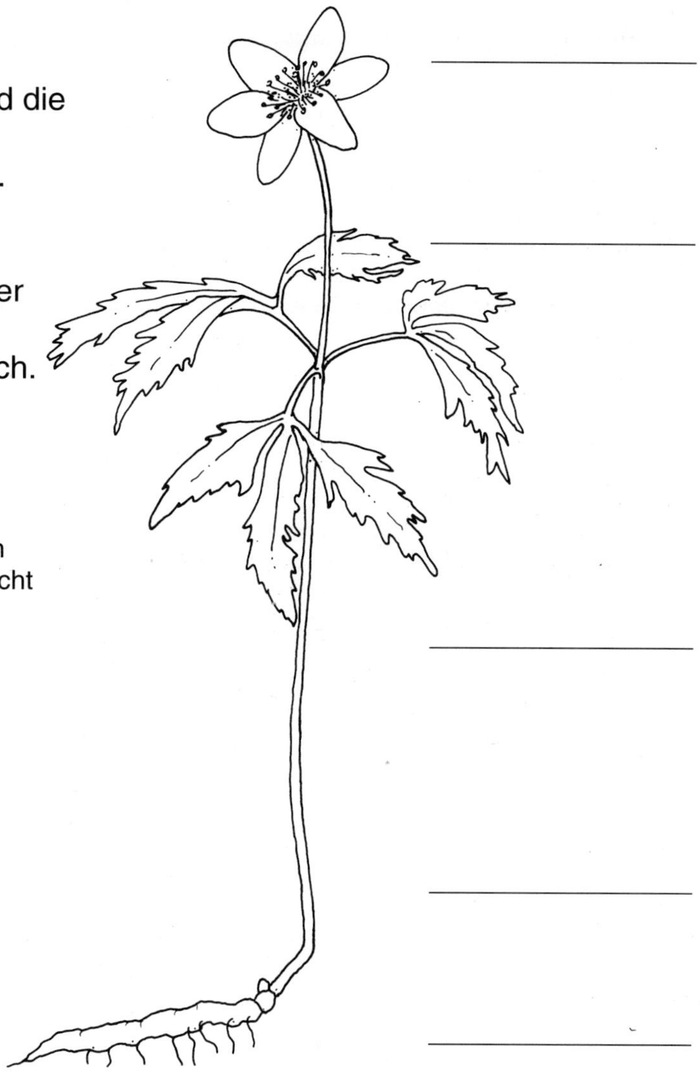

Wenn du die richtigen Wörter eingetragen hast, verraten dir die mit ▲ gekennzeichneten Buchstaben, was die Pflanzen außer Sonnenlicht unbedingt zum Leben brauchen.

Es ist _ _ _ _ _ _ .
1 2 3 4 5 6

Male die Zeichnung mit Buntstiften an und schreibe dazu, wie die einzelnen Teile der Pflanze genannt werden.

Weißt du, wie die Pflanze heißt? Sie wächst in Laubwäldern und blüht im März.

Ihr Name ist:

____

Entscheidungsspiel: Tier oder Pflanze?

Klassenstufe	Spieldauer	Personen	Vorbereitung
5.-8. Klasse	10 min	2 Gruppen (✏ rot und grün)	L: Vorlage kopieren S: Farbstifte

Einstieg

Wiederholung: Pflanzenzellen und Tierzellen im Vergleich
Unterschiede zwischen Pflanzen und Tieren

Am Trivialnamen lässt sich nicht immer erkennen, ob es sich um ein Tier oder um eine Pflanze handelt. Bei einem Besuch im Zoo kann man im Aquarium an manchen Becken zum Beispiel die Bezeichnungen „Seeanemone" oder „Seedahlie" lesen. Diese Lebewesen, die wie Blumen aussehen, sind aber keine Pflanzen, sondern Tiere. Sie gehören – wie die Quallen und die Korallen – zu den Nesseltieren. In einem botanischen Garten kann man Schilder finden, auf denen „Fetthenne", „Waldvöglein" oder „Berghähnlein" steht. Bei diesen Namen denkt man wahrscheinlich gleich an irgendwelche Vögel. Falsch! Es sind Pflanzen, und das kann man auch erkennen, wenn man genau hinsieht. Die „Vögel" sitzen nämlich nicht im Käfig, sondern wachsen in der Erde und haben grüne Blätter. Das Berghähnlein ist ein Windröschen, das Waldvöglein ist eine Orchidee und die Fetthenne ist ein Dickblattgewächs.

INFO!

Pflanzen produzieren Nährstoffe.
Alle Lebewesen brauchen Nährstoffe zum Leben. Pflanzen können diese Nährstoffe selbst herstellen. Dazu brauchen sie Wasser, Luft und Licht. Die „Labors", in denen die Nährstoffe produziert werden, sind kleine, grüne Körnchen. Sie kommen nur in Pflanzenzellen vor. Man nennt sie Chloroplasten. Sie enthalten Blattgrün (= Chlorophyll).
Tiere nehmen Nährstoffe auf.
Sie können die Nährstoffe, die sie zum Leben brauchen, nicht selbst herstellen. Sie haben kein Blattgrün. Der Farbstoff zum Beispiel in grünen Federn oder Schuppen ist kein Blattgrün!
Pflanzen haben Wurzeln.
Dadurch sind sie fest in der Erde verankert. Die meisten Pflanzen bleiben deshalb ihr ganzes Leben an einem Ort. Nur die Pollenkörner und die Samen können auf die Reise gehen.
Tiere haben Beine, Flügel oder Flossen.
Damit können sie einen Ort verlassen und zu einem anderen kommen, zum Beispiel, wenn es ihnen zu warm oder zu kalt wird, wenn sie Futter holen oder wenn sie einen Partner suchen.

Lösungen

Das sind die Pflanzen:
Akelei, Bibernelle, Calla, Dinkel, Esche, Fenchel, Gamander, Hasel, Iris, Jasmin, Kamille, Flachs, Lolch, Narzisse, Orant, Pavie, Quecke, Roggen, Spitzahorn, Traube, Ulme, Veilchen, Trespe, Yucca, Ziest.

Das sind die Tiere:
Alk, Biber, Dingo, Koala, Äsche, Fennek, Salamander, Hase, Iltis, Jassana, Kamel, Lachs, Molch, Hornisse, Orang, Pavian, Zecke, Rochen, Spitzhörnchen, Taube, Unke, Felchen, Wespe, Yak, Ziesel.

Entscheidungsspiel: Tier oder Pflanze?

Viele Pflanzennamen hören sich ganz ähnlich an wie Tiernamen. Wenn von einem Löwen und einem Löwenzahn gesprochen wird, weißt du sicher gleich, welches von beiden die Pflanze und welches das Tier ist. Das ist aber nicht immer so einfach.

Rate einmal, welcher Namen zu einem Tier gehört und welcher zu einer Pflanze.
Streiche die Pflanzennamen grün an und die Tiernamen rot.

Alk	Akelei
Biber	Bibernelle
Calla	Koala
Dingo	Dinkel
Esche	Äsche
Fennek	Fenchel
Gamander	Salamander
Hase	Hasel
Iltis	Iris
Jasmin	Jassana
Kamille	Kamel
Lachs	Flachs
Molch	Lolch
Narzisse	Hornisse
Orang	Orant
Pavie	Pavian
Quecke	Zecke
Rochen	Roggen
Spitzahorn	Spitzhörnchen
Taube	Traube
Ulme	Unke
Veilchen	Felchen
Wespe	Trespe
Yak	Yucca
Ziest	Ziesel

Wenn du Lust hast, kannst du in einem Tierlexikon und einem Pflanzenlexikon nachschlagen, welche Tiere und Pflanzen sich hinter diesen Namen verstecken.

Ein Blatt - oder? Nein, ein Insekt! Seine Flügel sind grün und sehen einem Blatt so ähnlich, dass es **Wandelndes Blatt** genannt wird. Das Tier ist eine Gespenstschrecke, die in Indien lebt. Sie ist mit unseren Heuschrecken verwandt.

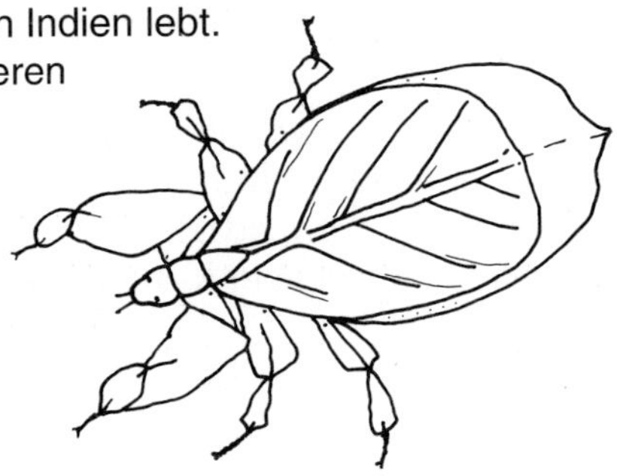

Eine Hummel - oder? Nein, eine Blüte! Die **Hummel-Ragwurz** gehört zu den Orchideen. Der untere Teil der Blüte gleicht einer Hummel. Sogar Hummelmännchen lassen sich davon täuschen. Sie halten die Blüte für ein Weibchen und fliegen hin.

Quiz: Nicht alle Pflanzen haben Blüten

Klassenstufe	Spieldauer	Personen	Vorbereitung
7./8. Klasse	10 min	1-4	L: Vorlage kopieren

Einstieg

Wiederholung: Blütenpflanzen
Algen
Farne – Pflanzen ohne Blüten
Moose – Wasserspeicher der Wälder

Einteilung des Pflanzenreichs
Auf der Erde gibt es über 300000 verschiedene Pflanzenarten. Damit man sich bei dieser großen Anzahl zurechtfindet, ist das Pflanzenreich in verschiedene Gruppen eingeteilt. In diesen Gruppen sind Pflanzen zusammengefasst, die Gemeinsamkeiten in ihrem „Körperbau“ und im Bau ihrer Fortpflanzungsorgane haben. Innerhalb dieser großen Gruppen gibt es verschiedene Abteilungen, zu denen Pflanzen mit besonderen Merkmalen gehören.
Die Blütenpflanzen bilden die größte Abteilung im Pflanzenreich. Sie ist noch einmal unterteilt in Nacktsamer, zu denen die Nadelbäume gehören, und in Bedecktsamer, zu denen die meisten anderen Bäume und Blumen gehören.

Algen	**Moose**	**Flechten**	**Sprosspflanzen**		
			Farne	Blüten- (Samen-)pflanzen	
				Nacktsamer	Bedecktsamer
33 000	25 000	20 000	15 000	800	235 000

Zusatzaufgaben

A Anzahl der Pflanzenarten auf der Erde schätzen oder nach Tabelle ausrechnen lassen.

B Welche Pflanzen sind gemeint? Keine hat Blüten.
1 Das, was auf Lichtungen kleine Wälder bildet, sind ______________.

2 Das, was an der "Wetterseite" von Baumstämmen wächst, ist ______________.

3 Das, was im Gebirge an Felswänden wächst, sind ______________.

4 Das, was an der Wand des Aquariums wächst, sind ______________.

Lösungen

Das Lösungswort heißt: BAEUME.

Diese Aussagen sind falsch: 1 B, 2 A, 3 E, 4 U, 5 M, 6 E
Die Aussagen müssten richtig wie folgt heißen:
1 B Algen brauchen zur Fotosynthese Licht.
2 A Moose vermehren sich durch Sporen.
3 E Farne haben einen Wurzelstock, der den Winter überdauert, sie vermehren sich durch Sporen.
4 U Pilze würden ohne Wasser eintrocknen, nur Sporen können ohne Wasser überdauern.
5 M Flechten sind enge Lebensgemeinschaften aus Algen und Pilzen, beide haben keine Blüten.
6 E Gräser und Nadelbäume sind zwar auch Blütenpflanzen, haben aber keine bunten Blütenblätter.

Z A 327 800, das ist ungefähr die Anzahl der Pflanzenarten, die auf der Erde vorkommen.
Z B 1 Farne, 2 Moose, 3 Flechten, 4 Algen

Quiz: Nicht alle Pflanzen haben Blüten

Bäume und Sträucher blühen, Kräuter und Gräser blühen, Wasserpflanzen und Kakteen blühen. Ungefähr zwei Drittel aller Pflanzen, die auf der Erde wachsen, haben Blüten. Man nennt diese Abteilung im Pflanzenreich Blütenpflanzen oder Samenpflanzen. Es gibt aber auch Pflanzen, die keine Blüten haben: Algen, Moose und Farne.

Michael hat alles aufgeschrieben, was ihm zu den verschiedenen Abteilungen im Pflanzenreich eingefallen ist. Er kennt sich zwar ziemlich gut aus, aber dennoch ist jeweils eine der fünf Aussagen nicht richtig. Weißt du welche?

Mache einen Kreis um die Buchstaben vor jeder falschen Aussage. Die markierten Buchstaben verraten dir dann, für welche Pflanzen Michael sich besonders interessiert.

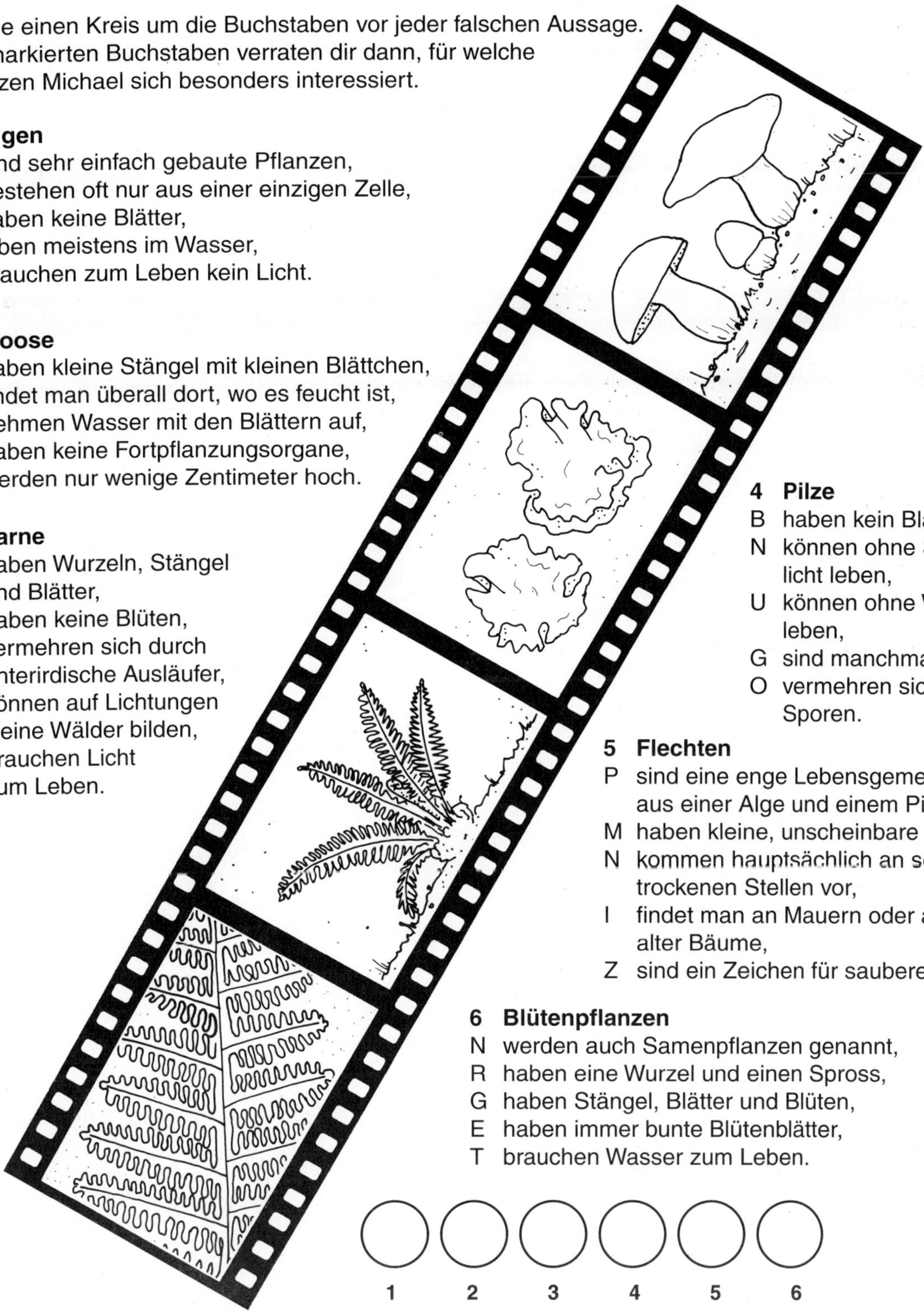

1 Algen
G sind sehr einfach gebaute Pflanzen,
K bestehen oft nur aus einer einzigen Zelle,
O haben keine Blätter,
S leben meistens im Wasser,
B brauchen zum Leben kein Licht.

2 Moose
R haben kleine Stängel mit kleinen Blättchen,
E findet man überall dort, wo es feucht ist,
T nehmen Wasser mit den Blättern auf,
A haben keine Fortpflanzungsorgane,
P werden nur wenige Zentimeter hoch.

3 Farne
M haben Wurzeln, Stängel und Blätter,
U haben keine Blüten,
E vermehren sich durch unterirdische Ausläufer,
T können auf Lichtungen kleine Wälder bilden,
L brauchen Licht zum Leben.

4 Pilze
B haben kein Blattgrün,
N können ohne Sonnenlicht leben,
U können ohne Wasser leben,
G sind manchmal giftig,
O vermehren sich durch Sporen.

5 Flechten
P sind eine enge Lebensgemeinschaft aus einer Alge und einem Pilz,
M haben kleine, unscheinbare Blüten,
N kommen hauptsächlich an sehr trockenen Stellen vor,
I findet man an Mauern oder an Ästen alter Bäume,
Z sind ein Zeichen für saubere Luft.

6 Blütenpflanzen
N werden auch Samenpflanzen genannt,
R haben eine Wurzel und einen Spross,
G haben Stängel, Blätter und Blüten,
E haben immer bunte Blütenblätter,
T brauchen Wasser zum Leben.

◯	◯	◯	◯	◯	◯
1	2	3	4	5	6

Steckbriefe zuordnen: Tennisball und Badeschwamm

Klassenstufe	Spieldauer	Personen	Vorbereitung
7./8. Klasse	5 min	Einzelspiel ✏	L: Vorlage kopieren

Einstieg

Pilze leben ohne Blattgrün

INFO!
Pilze sind Lebewesen, die ein paar Besonderheiten zeigen. Fachleute zählen sie heute nicht mehr zu den Pflanzen. Pilze haben keine Blüten und bilden auch keine Samen wie die grünen Pflanzen. Sie wachsen zwar ähnlich wie Pflanzen, ihre Zellen sind aber anders gebaut.
Die Zellen der Pilze enthalten **kein Blattgrün**. Das bedeutet, dass die Pilze selber keine Nährstoffe herstellen können. Grüne Pflanzen fangen mit Hilfe des Blattgrüns Sonnenlicht ein und bilden Nährstoffe. Die Pilze müssen diese Nährstoffe aufnehmen, zum Beispiel aus vermodernden Blättern, aus morschen Ästen oder aus Wurzeln von Bäumen. Deshalb finden wir Pilze oft auf dem Waldboden oder an Baumstümpfen.
Auch die Zellwände der Pilze unterscheiden sich von denen der Pflanzen. Pflanzenzellwände enthalten Cellulose, die Zellwände der Pilze **Chitin**. Das ist der Stoff, aus dem auch die Flügel und die harte Außenhaut der Insekten gebaut sind.
Das, was wir Pilz nennen, also das, was aus dem Waldboden zum Vorschein gekommen ist, ist nicht der ganze Pilz, sondern nur ein Teil davon: der **Fruchtkörper**. Der eigentliche Pilz, das Mycel oder Pilzgeflecht, steckt in der Erde.
Pilze vermehren sich durch **Sporen**. Sie werden im Fruchtkörper gebildet.
Es gibt ungefähr 90 000 Arten.

Lösungen

1 Steinpilz, 2 Goldgelbe Koralle, 3 Fliegenpilz, 4 Semmelstoppelpilz, 5 Bovist

Steckbriefe zuordnen: Tennisball und Badeschwamm

Viele Pilze haben die Form eines kleinen Regenschirms: ein Stiel und darauf ein Hut. So sehen zum Beispiel Steinpilz und Fliegenpilz aus. Es gibt aber auch ganz andere Gebilde. Ein Bovist erinnert zum Beispiel an einen Tennisball und die Goldgelbe Koralle an einen Badeschwamm. Wenn du Pilze genau kennen lernen willst, brauchst du ein Pilzbuch, in dem die wichtigsten Arten abgebildet und beschrieben sind.

Hier siehst du fünf Pilze. Weißt du, welcher Steckbrief zu welchem Pilz gehört? Trage die Namen der Pilze ein.

Fliegenpilz
Sehr giftig!

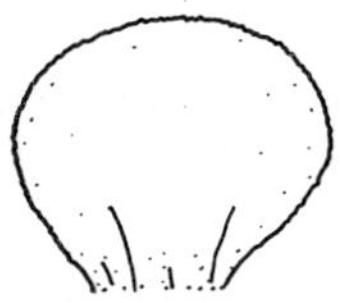

Bovist

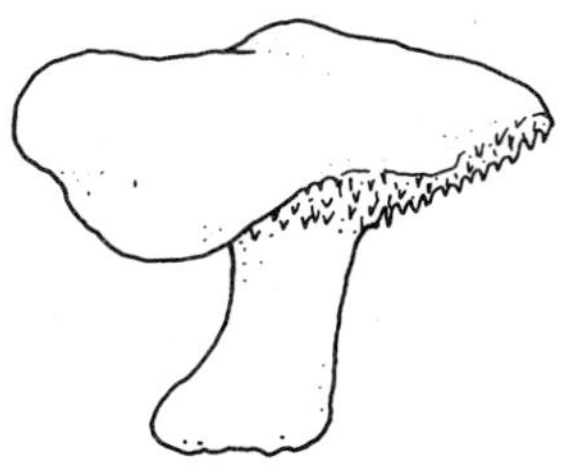

Semmelstoppelpilz

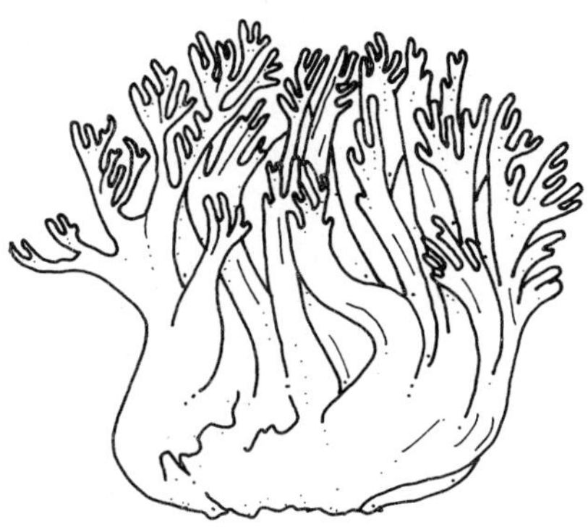

Goldgelbe Koralle

Steinpilz

1 ______________________

Röhrenpilz. Er hat einen großen,graubraunen Hut, der einen Durchmesser von 20 cm haben kann. Auf der Hutunterseite sitzen helle Röhren. Der Pilz kommt in Laub- und Nadelwäldern vor.

2 ______________________

Korallenpilz. Er hat einen orangefarbenen Fruchtkörper, der aus vielen kleinen Ästen besteht. Er kann 15 cm hoch werden und wächst hauptsächlich im Nadelwald.

3 ______________________

Blätterpilz. Er hat einen roten Hut mit weißen Flocken. Die Lamellen sind weiß. Der Pilz kann 25 cm hoch werden. Er kommt in Wäldern und auf Lichtungen vor.

4 ______________________

Stachelpilz. Der gelbe Hut ist unregelmäßig geformt. An der Hutunterseite sitzen weiße Stacheln. Er wird 5 cm breit. Der Pilz ist häufig in Laubwäldern zu finden.

5 ______________________

Bauchpilz. Der Pilz sieht aus wie ein Tennisball. Der Fruchtkörper ist von einer festen, weißen Hülle umgeben. Er kann 15 cm dick werden und wächst auf Wiesen und in der Heide.

Beobachten und malen: Frühling, Sommer, Herbst und Winter

Klassenstufe	Spieldauer	Mitspieler	Vorbereitung
5./6. Klasse	40 min	Einzelspiel ✏ Hausaufgabe	L: Vorlage kopieren S: Farbstifte

Einstieg

Lebensraum Wald, Wechsel der Jahreszeiten

Zusatzaufgaben

- Beobachtungen sammeln, wie sich ein Wald im Laufe eines Jahres immer wieder verändert.
- Welche Farbe hat der Wald? Grün? Braun? Oder bunt? Oder weiß?
- Bilder zu den verschiedenen Jahreszeiten malen lassen. Daraus kann ein Kalender oder eine Klassenausstellung werden.

Texte zur Motivation:

Im Frühjahr
Wenn die Sonne wieder wärmer scheint, wird der Waldboden bunt: Überall sprießen gelbe, hellblaue oder weiße Blumen aus der Erde. Dann schlagen auch bald die Bäume aus. Und an allen Zweigen leuchtet frisches Grün.

Im Sommer
In den heißesten Wochen im Jahr, wenn die Sonne ihren höchsten Stand erreicht hat, bilden die Blätter ein dichtes, dunkelgrünes Dach. Auf den Waldboden fällt dann kaum noch ein Sonnenstrahl. Am Waldrand schimmern die weißen Blüten von Ebereschen und Holunderbüschen durch das dunkle Grün.

Im Herbst
Wenn die Tage kürzer werden und die Nächte kühler, färbt sich der Wald zuerst gelb, orange oder rot. Nach und nach werden dann alle Blätter braun. Bald bläst der Herbstwind die Blätter von den Ästen, und ein dicker, brauner Teppich bedeckt den Waldboden.

Im Winter
Wenn die Sonne die Erde kaum über null Grad erwärmt und manchmal Schneeflocken durch die Luft tanzen, hat der Wald eigentlich gar keine Farbe: Die meisten Bäume sind kahl, Stämme und Äste grau. Nur wenn es geschneit hat, ist alles weiß.

Beobachten und malen: Frühling, Sommer, Herbst und Winter

Hier siehst du vier Mal denselben Baum. Male ihn im „Sommerkleid“ und im „Wintermantel“ und so, wie er im Frühjahr und im Herbst aussehen könnte. Ergänze alles, was dir dazu einfällt: Blätter, Blüten, Früchte und vielleicht auch ein paar Tiere, die dort zu Hause sind.

Silbenrätsel: Die ersten Frühlingsboten

Klassenstufe	Spieldauer	Personen	Vorbereitung
5./6. Klasse	15 min	Einzelspiel ✏	L: Vorlage kopieren

Einstieg

Frühblüher

INFO!
Pflanzen können nur dann Samen bilden, wenn ihre Blüten bestäubt werden. Und dazu brauchen sie Insekten. Die Blumen „locken" deshalb mit leuchtenden Farben: Weiß, Gelb, Himmelblau und Violett.
Insekten können nur überleben, wenn sie genug Nahrung finden. Früh im Jahr blühen aber noch nicht viele Blumen. Insekten, besonders Bienen, brauchen deshalb die Blüten der Frühblüher.
Wenn die ersten Blumen am Ende des Winters blühen, freuen wir Menschen uns natürlich auch. Aber bitte nur anschauen! Alle Frühblüher – außer den Buschwindröschen – stehen unter **Naturschutz!** Das heißt: Wir dürfen sie nicht abpflücken und auch nicht ausgraben.

Lösungen

Das Lösungswort heißt: MAIGLOECKCHEN.

MAERZENBECHER
TR**A**UBENHYAZINTHE
SE**I**DELBAST
GOLDSTERN
VEI**L**CHEN
SCHARB**O**CKSKRAUT
L**E**BERBLUEMCHEN
BUS**C**HWINDROESCHEN
KROKUS
S**C**HLUESSELBLUME
HUFLATTICH
BLAUST**E**RN
NARZISSE

Silbenrätsel: Die ersten Frühlingsboten

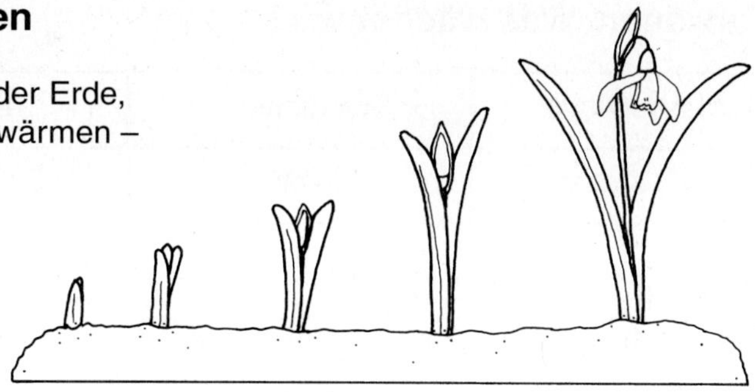

Schneeglöckchen stecken ihre Blattspitzen aus der Erde, sobald die ersten Sonnenstrahlen den Boden erwärmen – manchmal sogar durch den Schnee hindurch. Ein paar Tage später blühen sie. Aber auch andere Blumen fangen schon früh im Jahr an zu blühen. Man nennt sie deshalb Frühblüher. Du hast sie bestimmt schon einmal gesehen.

Bilde die Namen der Frühblüher aus den Wörtern und Silben

BAST - BECHER - BLAU - BLUEM - BLUME - BOCKS - BUSCH - CHEN - CHEN - CHEN - GOLD - HUF - HYAZINTHE - KRAUT - KRO - KUS - LATTICH - LEBER - MAERZEN - NAR - ROES - SCHAR - SCHLUES - SEIDEL - SEL - STERN - STERN - TRAUBEN - VEIL - WIND - ZISSE

und trage sie in die Kästchen ein. (Ä,Ö und Ü sind zwei Buchstaben: AE, OE und UE)

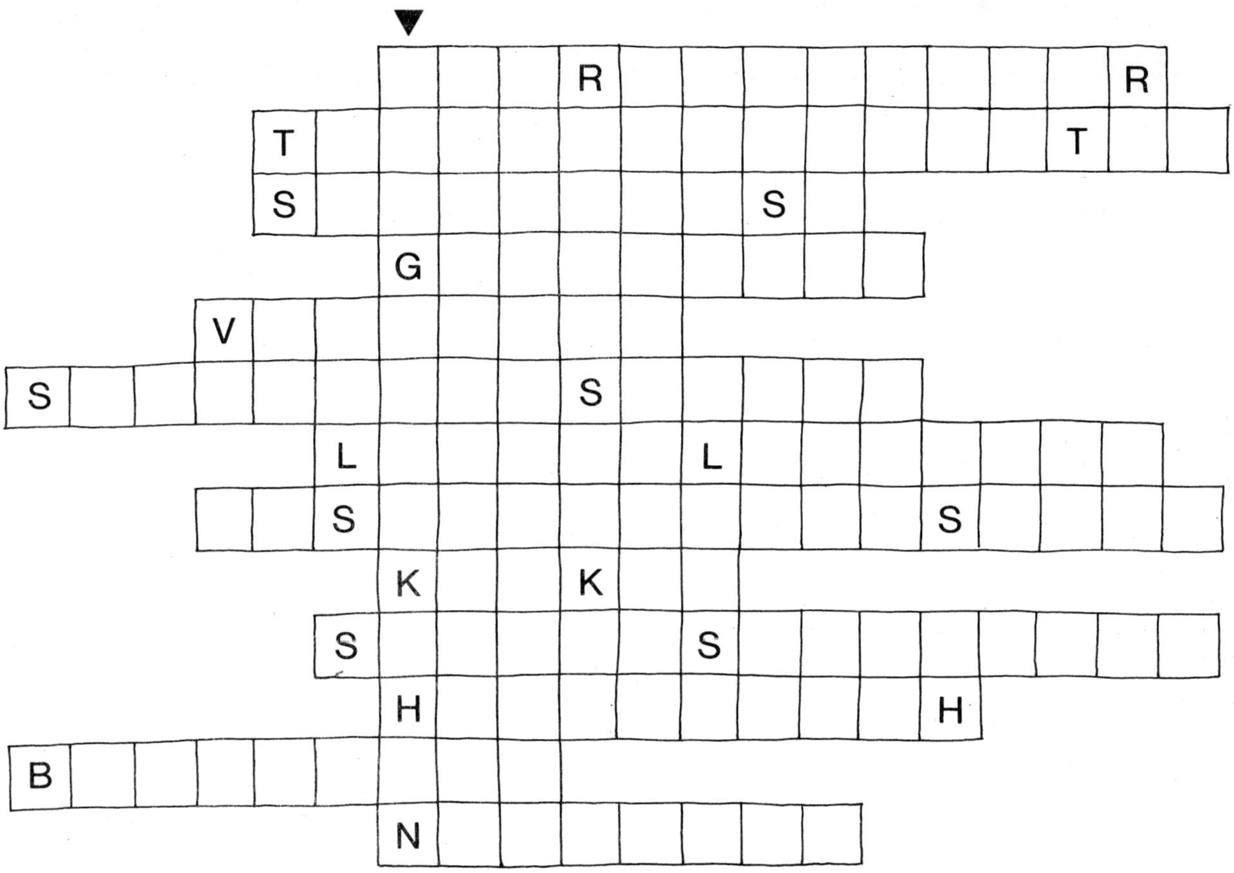

Die gekennzeichneten Buchstaben ergeben dann – von oben nach unten gelesen – den Namen einer besonders schönen und wohlriechenden Frühjahrsblume.

Es ist das __ __ __ __ __ __ __ __ __ __ __ __ __ __ .

Zuordnen: Was wächst wo?

Klassenstufe	Spieldauer	Personen	Vorbereitung
5.-7. Klasse	15 min	Einzelspiel ✏	L: Vorlage kopieren

Einstieg

Pflanzen in verschiedenen Lebensräumen

INFO!
Pflanzen und Tiere brauchen bestimmte Bedingungen zum Leben: Nahrung, Wasser, Licht, Schutz vor Feinden und Partner, um Nachkommen zu haben. Einige sind zum Beispiel an das Leben im Wasser angepasst, andere leben in der Wüste, und wieder andere fühlen sich in kalten Gebieten der Erde wohl. Die natürliche Umgebung, in der Pflanzen und Tiere alles finden, was sie zum Leben brauchen, nennt man **Lebensraum**.

Lösungen

Das Lösungswort heißt: LOEWENZAHN.

Bach:	Sumpfdotterb**l**ume
Tümpel:	Froschl**o**effel
Wiese:	Kna**e**uelgras
Wegrand:	**W**egerich
Acker:	Kornblum**e**
Wald:	Spri**n**gkraut
Alpen:	En**z**ian
Heide:	W**a**cholder
Strand:	Strand**h**afer
Meer:	Blasenta**n**g

Zuordnen: Was wächst wo?

Am Meer kommen andere Pflanzen vor als am Bachufer. Im Wald blühen andere Blumen als auf der Wiese. Und auf der Heide wachsen andere Sträucher als im Gebirge.

Ordne die Pflanzen den verschiedenen Lebensräumen zu.
(ä, ö und ü sind zwei Buchstaben: ae, oe und ue)

Blasentang - Enzian - Froschlöffel - Knäuelgras -
Kornblume - Springkraut - Strandhafer -
Sumpfdotterblume - Wacholder - Wegerich

Bach □ □ □ □ □ □ □ □ □ □ □ □ □▲ □ □ □

Tümpel □ □ □▲ □ □ □ □ □ □ □ □ □ □

Wiese □ □ □ □▲ □ □ □ □ □ □ □

Wegrand □▲ □ □ □ □ □ □ □

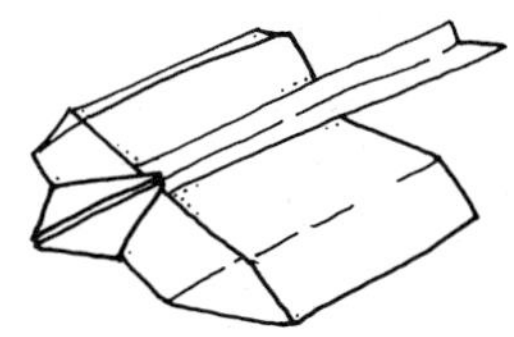

Acker □ □ □ □ □ □ □ □ □▲

Wald □ □ □ □ □▲ □ □ □ □ □ □

Alpen □ □ □▲ □ □ □

Heide □ □▲ □ □ □ □ □ □ □

Strand □ □ □ □ □ □ □▲ □ □ □ □

Meer □ □ □ □ □ □ □ □ □▲ □

Die mit ▲ gekennzeichneten Buchstaben nennen dir – von oben nach unten gelesen – eine Pflanze, die im Frühjahr Goldgelb blüht. Diese Pflanze kann man fast überall finden.

Es ist __ __ __ __ __ __ __ __ __ __ .

Nach Blütezeit ordnen: Eine bunte Blumenwiese

Im Frühjahr, wenn der Schnee geschmolzen ist, sehen die Wiesen meist graubraun aus. Erst allmählich werden sie grün. Im Laufe des Frühjahrs wechseln sie immer wieder die Farbe – je nachdem, welche Pflanzen gerade blühen.

Hier sind verschiedene Wiesenblumen abgebildet. Kennst du ihre Namen?
Male die Blüten in den richtigen Farben an.
Schneide die Bilder aus und klebe sie in den Blütezeitkalender ein.
Viele Pflanzen blühen zur gleichen Zeit. Du kannst die entsprechenden Bilder in zwei oder drei Reihen übereinander anordnen.

Nach Blütezeit ordnen: Eine bunte Blumenwiese

Blütezeitkalender

	Februar	März	April	Mai	Juni	Juli	August	September	Oktober	November
Gänseblümchen	✿	✿	✿	✿	✿	✿	✿	✿	✿	✿
Löwenzahn		✿	✿	✿	✿	✿				
Wiesen-Schlüsselblume			✿	✿						
Wiesen-Schaumkraut			✿	✿	✿	✿				
Wiesen-Kerbel			✿	✿	✿	✿	✿			
Wiesen-Salbei				✿	✿	✿	✿			
Wiesen-Glockenblume				✿	✿	✿	✿			
Wiesen-Klee				✿	✿	✿	✿	✿		
Scharfer Hahnenfuß				✿	✿	✿	✿	✿	✿	
Margerite				✿	✿	✿	✿	✿	✿	
Wiesen-Storchschnabel					✿	✿	✿			
Großer Wiesenknopf					✿	✿	✿	✿		
Herbstzeitlose							✿	✿	✿	✿

Pflanzennamen suchen: Im Gebirge gibt es nicht nur Felsen und Schnee

Klassenstufe	Spieldauer	Mitspieler	Vorbereitung
5./6. Klasse	10 min	Einzelspiel ✏	L: Vorlage kopieren

Einstieg

Pflanzen in verschiedenen Lebensräumen
Vielfalt der Blütenpflanzen

Lösungen

Auf den Steinen kann man folgende Pflanzennamen lesen:

EDELWEI**SS**	1600 bis 3000 m	TÜRKEN**B**UND-LILIE	bis 2000 m
SILBERDIS**T**EL	800 bis 2600 m	NARZISSE (Weiße)	bis 2000 m
ENZIAN (Stängelloser)	1200 bis 2600 m	KR**O**KUS	bis 1900 m
AUR**I**KEL	bis 2600 m	ALPENVEIL**C**HEN (Wildes)	bis 1200 m
TROLLBLUME	bis 2400 m	GLOC**K**ENBLUME (Bärtige)	800 bis 2500 m
ALPE**N**ROSE (Rostblättrige)	1400 bis 2500 m		

Das Lösungswort heißt: STEINBOCK.

Nach Blütezeit ordnen: Eine bunte Blumenwiese

Klassenstufe	Spieldauer	Mitspieler	Vorbereitung
5./6. Klasse	40 min	Einzelspiel ✏ ✂ Hausaufgabe	L: Vorlage kopieren, Scheren und Klebstoff bereitstellen S: Farbstifte

Einstieg

Lebensraum Wiese, Vielfalt der Blütenpflanzen

Lösungen

	Blütezeit	Art	Blütenfarbe
1.	Februar bis November	Gänseblümchen	weiß
2.	März bis Juli	Löwenzahn	gelb
3.	April bis Mai	Wiesen-Schlüsselblume	gelb
4.	April bis Juli	Wiesen-Schaumkraut	rosa
5.	April bis August	Wiesen-Kerbel	weiß
6.	Mai bis August	Wiesen-Salbei	blau
7.	Mai bis August	Wiesen-Glockenblume	blau
8.	Mai bis September	Wiesen-Klee	rot
9.	Mai bis Oktober	Scharfer Hahnenfuß	gelb
10.	Mai bis Oktober	Margerite	weiß
11.	Juni bis August	Wiesen-Storchschnabel	blau
12.	Juni bis September	Großer Wiesenknopf	braunrot
13.	August bis November	Herbstzeitlose	rosa

Möglichkeit A – obere Reihe: 4, 7, 11, mittlere Reihe: 2, 5, 8, 10, untere Reihe: 1, 3, 6, 9, 12, 13
Möglichkeit B – obere Reihe: 2, 4, 6, 8, 10, 12, untere Reihe: 1, 3, 5, 7, 9, 11, 13

Pflanzennamen suchen: Im Gebirge gibt es nicht nur Felsen und Schnee

Im Winter sind Wiesen und Wälder in den Alpen meist unter einer dicken Schneedecke versteckt. Wenn man im Sommer im Gebirge Ferien macht, kann man dort eine Menge Pflanzen entdecken, die es im Flachland nicht gibt.

Hier sind die Namen von elf Alpenblumen versteckt. Du findest sie, wenn du die Buchstaben auf den Steinen am Rand des Bergpfades – vom Gipfel abwärts – genau anschaust. Markiere die Wörter mit verschiedenen Stiften. Auf manchen Steinen haben sich Vögel niedergelassen. Die Buchstaben auf diesen Steinen – auch von oben angefangen – nennen dir den Namen eines Tieres, das im Hochgebirge zu Hause ist. Aber, aufgepasst! Lass' dich von den Vögeln nicht verwirren: Der Name des Tieres steckt nur in den Pflanzennamen. Es ist ein

_ _ _ _ _ _ _ _ _ _ _

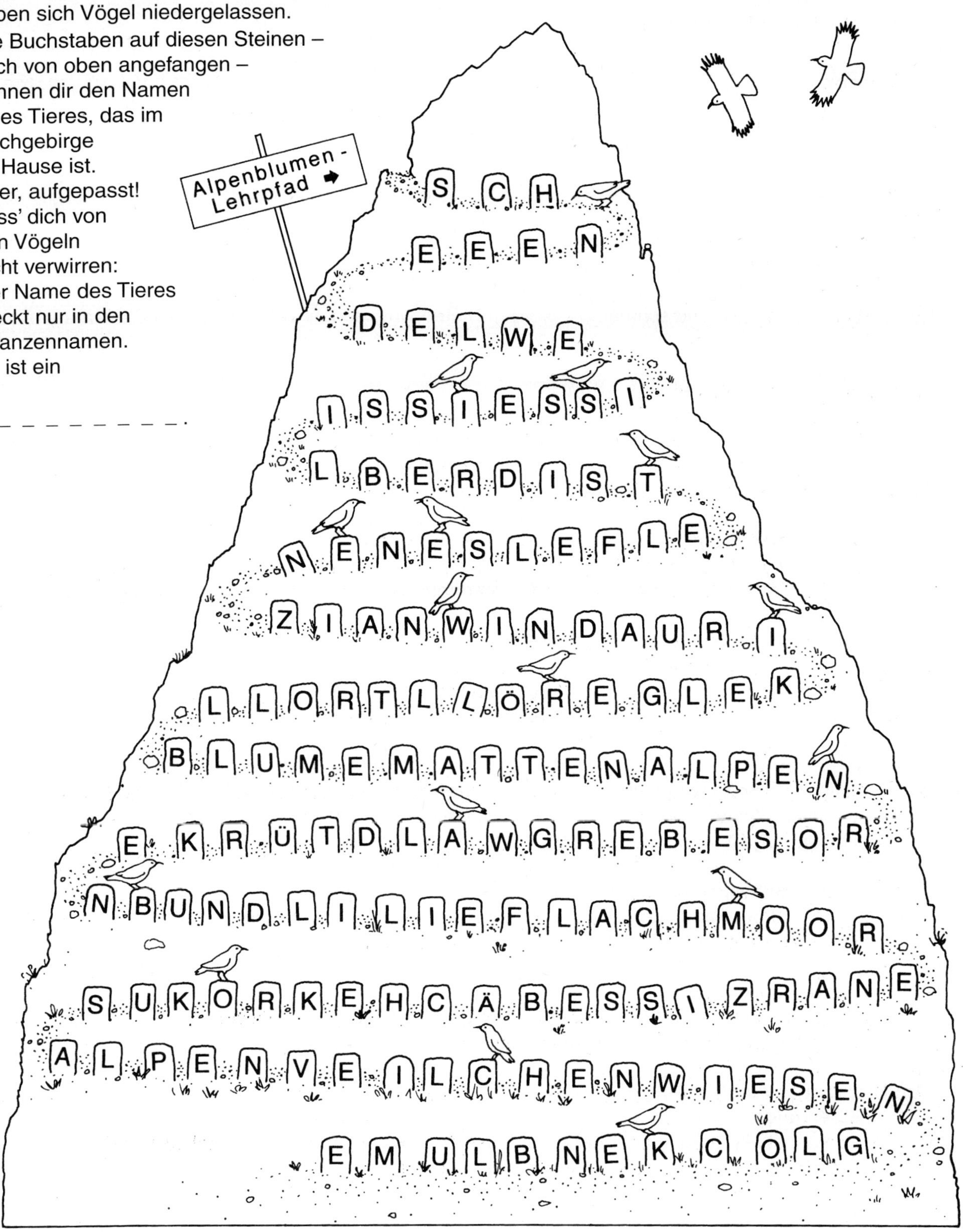

Suchspiel: An Tümpeln und Seen

Klassenstufe	Spieldauer	Personen	Vorbereitung
7./8. Klasse	5 min	Einzelspiel ✏	L: Vorlage kopieren

Einstieg

Ökosystem Gewässer
Pflanzengürtel eines Gewässers

Lösungen

Von links nach rechts: Tauchblattgürtel, Schwimmblattgürtel, Röhrichtgürtel, Bruchwaldgürtel.
Zwischen den Pflanzen im Tümpel haben sich acht Frösche versteckt.

Zusatzinformationen

Pflanzen im Wasser (Tauchblattgürtel)

Kanadische Wasserpest
Die Pflanze lebt ganz untergetaucht im Wasser von langsam fließenden Bächen und Seen. Die Blätter sind klein und schmal. Die weißen Blüten wachsen einzeln auf langen Stielen aus dem Wasser.

Schwimmpflanzen (Schwimmblattgürtel)

Weiße Seerose (Geschützt!)
Sie kommt in Seen und langsam fließenden Flüssen vor. Die tellergroßen, rundlichen Blätter schwimmen auf der Wasseroberfläche. Die Seerose blüht von Mai bis August. Die großen, weißen Blüten kommen aus dem Wasser heraus.

Wasser-Knöterich
Er wächst in Tümpeln und Seen. Die länglichen Blätter schwimmen auf der Wasseroberfläche. Der Wasser-Knöterich hat kräftig rosa gefärbte Blüten, die aus dem Wasser herausragen.

Pflanzen in der Uferzone (Röhrichtgürtel)

Breitblättriger Rohrkolben (Geschützt!)
Er wächst am Ufer von Seen und wird zwei Meter hoch. Die länglichen Blätter sind blaugrün. Die braunen Blüten sehen aus wie dicke Zigarren. Rohrkolben blüht von Juni bis August.

Schilfrohr
Es ist in Sumpfgebieten und am Ufer von Seen zu finden. Die biegsamen Halme mit den schmalen Blättern können vier Meter hoch werden. Es sieht aus wie riesiges Gras. Schilfrohr blüht im August und September.

Wasser-Schwertlilie (Geschützt!)
Sie kommt am Rand von Seen und Bächen vor. Die langen, schmalen Blätter sind dunkelgrün. Die Pflanze hat gelbe Blüten und blüht von Mai bis Juli.

Ästiger Igelkolben
Er kommt am Rand von stehenden und langsam fließenden Gewässern vor. Die Stängel werden fast 1 Meter hoch. Igelkolben blühen von Juni bis August.

Am Ufer (Bruchwaldgürtel)

Silberweide
Sie wächst als Strauch oder Baum an Flussufern. Die Blätter sind schmal und an der Unterseite silbrigweiß. Die Silberweide blüht von März bis Mai.

Suchspiel: An Tümpeln und Seen

Im Sommer ist es auch bei uns in Deutschland oft wochenlang sehr warm. Die Blumen, die im Garten oder auf dem Balkon wachsen, verdunsten dann besonders viel Wasser und müssen reichlich gegossen werden. Den Pflanzen, die hier abgebildet sind, macht es weniger aus, wenn es heiß ist. Denn sie leben am oder im Wasser.

Die verschiedenen Zonen eines Gewässers werden

Schwimmblattgürtel – Bruchwaldgürtel – Tauchblattgürtel – Röhrichtgürtel

genannt. Schreibe die passenden Bezeichnungen in der richtigen Reihenfolge auf die Schilder.

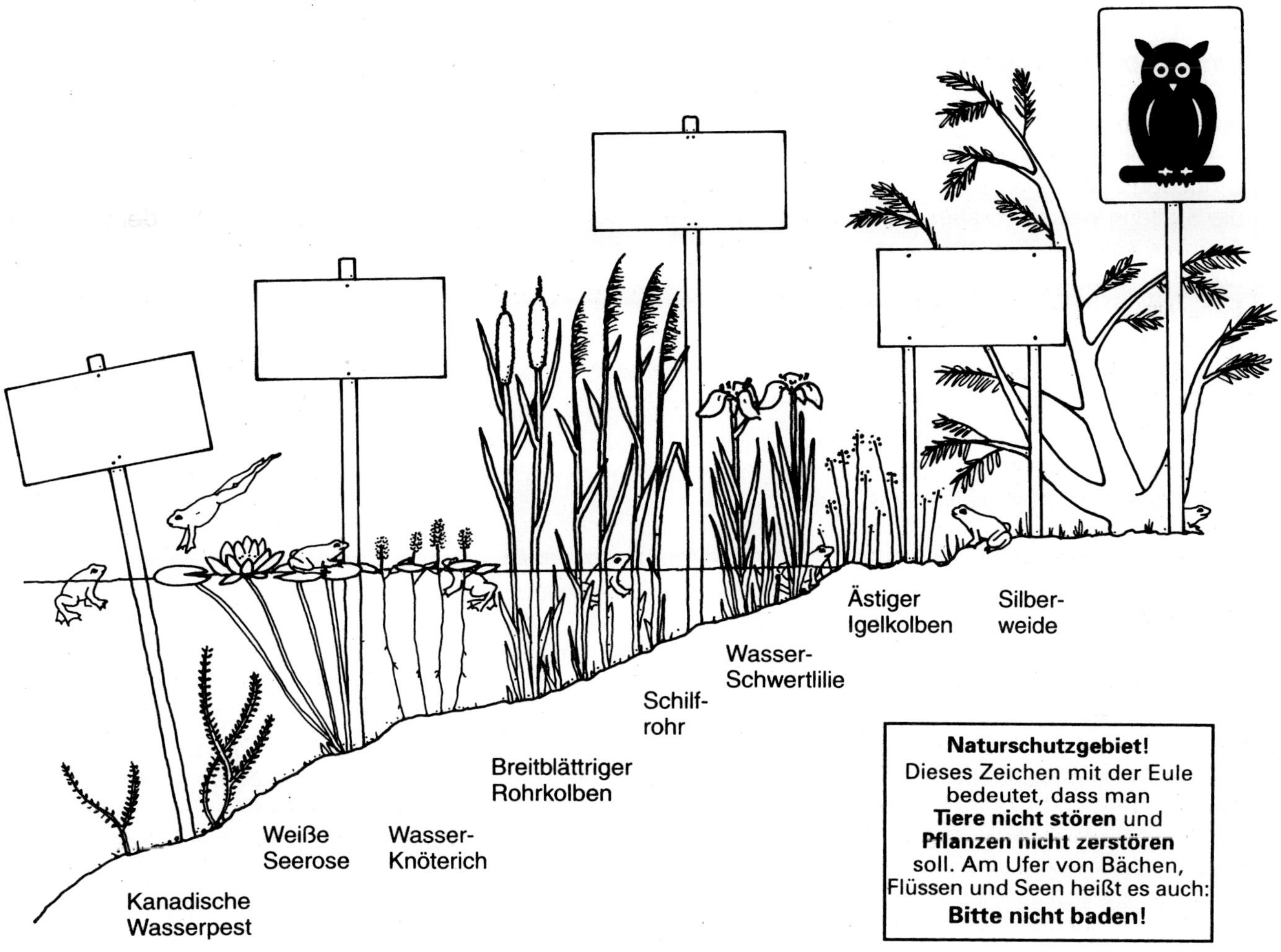

Naturschutzgebiet!
Dieses Zeichen mit der Eule bedeutet, dass man **Tiere nicht stören** und **Pflanzen nicht zerstören** soll. Am Ufer von Bächen, Flüssen und Seen heißt es auch: **Bitte nicht baden!**

Zwischen den Pflanzen haben sich ein paar Frösche versteckt. Hast du sie alle entdeckt? Wie viele sind es?

Es sind ____.

Wenn du Lust hast, kannst du in einem Bestimmungsbuch nachschlagen, welche Pflanzen und Tiere in diesem Lebensraum sonst noch zu Hause sind.

Lückentext: Pflanzen brauchen Wasser

Klassenstufe	Spieldauer	Personen	Vorbereitung
5.-8. Klasse	10 min	Einzelspiel ✏	L: Vorlage kopieren

Einstieg

Bedeutung der grünen Pflanzen für das Leben
Pflanzen nehmen Wasser auf

INFO!
Pflanzen können das Sonnenlicht nutzen, um selber Nährstoffe herzustellen. Zum Wachsen brauchen sie aber noch mehr: zum Beispiel Eisen, Magnesium, Schwefel und Stickstoff. Man nennt diese Stoffe **Mineralstoffe**.
Sie kommen in verschiedenen Mengen im Erdboden vor. Wenn es regnet, lösen sich die Stoffe in Wasser. Dieses „Mineralwasser" wird von den Wurzeln aufgesaugt und durch die Wasserleitungen in die Blätter transportiert. Dort werden dann die Baustoffe für Zellwände oder die Farbstoffe für Blüten zusammengesetzt.

Lösungen

So sieht der vollständige Text aus:

Pflanzen brauchen Wasser
Alle Pflanzen brauchen zum Leben Wasser. Sie saugen es mit den Wurzeln aus dem Erdboden auf und geben es durch die Blätter wieder ab.
Im Innern der Wurzeln liegen „Wasserleitungen", die durch die Stängel bis in die Blätter reichen. Man nennt sie Leitbündel. An der Unterseite der Blätter kann man diese Wasserleitungen gut erkennen: die Blattadern.
Im Wasser, das die Pflanzen aus dem Boden aufsaugen, sind Mineralstoffe gelöst. Die Pflanze braucht sie zum Wachsen, zum Beispiel, wenn der Stängel länger wird, oder um neue Blätter zu bilden.
In den Zellen der grünen Blätter laufen verschiedene, chemische Vorgänge ab, bei denen ein Teil des Wassers verbraucht wird, zum Beispiel um Nährstoffe herzustellen.
Der Rest des Wassers wird als Wasserdampf an die Luft abgegeben, an heißen Sommertagen mehr als bei Regen. Man sagt dann: Das Wasser verdunstet.
Damit das Wasser wieder aus der Pflanze heraus kann, gibt es an den Blättern, meistens an der Unterseite, kleine Öffnungen, durch die der Wasserdampf herauskommt. Man nennt sie Spaltöffnungen.

So tief reichen die Wurzeln in die Erde:

Löwenzahn	0,30 Meter
Wolfsmilch	0,50 Meter
Silberdistel	1 Meter
Roggen	2 Meter
Waldbäume	5 bis 10 Meter
Wüstenpflanzen	10 bis 20 Meter

Lückentext: Pflanzen brauchen Wasser

Anna hat ihre Hausaufgaben für Biologie auf der Terrasse gemacht. Plötzlich hat es angefangen zu regnen. Anna hat ihre Sachen zwar schnell ins Zimmer gebracht, aber die ersten Regentropfen haben ein paar Wörter verwischt. Weißt du, was Anna an diesen Stellen geschrieben hatte?

Setze die fehlenden Buchstaben und Wörter wieder in den Text ein.

Pflanze…rauchen Wasser

Alle Pflanzen brauchen zum Leben …ser.
Sie saugen es mit den Wurzeln aus dem
…dboden auf und geben es durch die Blätter
wieder ab.
Im Innern der …zeln liegen „Wasser-
leitungen", die durch die Stängel bis in die
Blätter reichen. Man nennt sie …bündel.
An der …terseite der Blätter kann man diese
Wasserleitungen gut erkennen: die Blatt-
adern.
Im Wasser, das die Pflanzen aus dem Boden
aufsaugen, sind Min…stoffe gelöst. Die ~~Pfla~~
Pflanze braucht sie zum Wachsen, zum
Beispiel, wenn der Stängel länger wird, oder
um neue Blätter zu bilden.
In den Zellen der g…en Blätter laufen …
…rschiedene chemische Vorgänge ab, bei
…nen ein Teil des Wassers verbraucht wird,
zum Beispiel um Nährstoffe herzustellen.
Der Rest des Wassers wird als Wasserd…pf
an die Luft abgegeben, an heißen Sommer-
tagen mehr als bei Regen. Man sagt dann: Das
Wasser verd…et.
Damit das Wasser wieder aus der Pflanze
heraus kann, gibt es an den Blättern, meis-
tens an der Unterseite, kleine Öffnungen,
…rch die der Wasserdampf herauskommt…
Man nennt sie S…öffnungen.

Quiz: Pflanzen brauchen Luft

Klassenstufe	Spieldauer	Personen	Vorbereitung
5.- 8. Klasse	10 min	1-4 ✏	L: Vorlage kopieren

Einstieg

Bedeutung der grünen Pflanzen für das Leben
Pflanzen verbessern die Luft

Zusatzaufgaben

A Größe der Fläche schätzen (oder berechnen) lassen, die die Blätter einer ausgewachsenen Rotbuche bedecken können.

B Menge an Wasser schätzen lassen, die die Blätter einer ausgewachsenen Rotbuche an einem Tag abgeben.

Lösungen

Das Lösungswort heißt: WASSER.

Pflanzen brauchen zum Atmen Sauerstoff. (W)
Pflanzen brauchen zur Fotosynthese Kohlenstoffdioxid. (-)
Bei der Fotosynthese wird Sauerstoff freigesetzt. (A)
Menschen und Tiere brauchen zum Atmen Sauerstoff. (S)
Pflanzen produzieren Sauerstoff. (S)
Bei der Atmung von Pflanzen entsteht Kohlenstoffdioxid. (E)
Bei der Atmung von Menschen und Tieren entsteht Kohlenstoffdioxid. (R)

Z A Eine Rotbuche kann 200 000 Blätter haben. Ihre Blattfläche ist dann etwa so groß wie zwei Tennisplätze.

Z B Eine Rotbuche verdunstet an einem heißen Sommertag ungefähr 300 Liter Wasser.

So groß kann ein Blatt werden:

Weizen	15 cm^2
Buche	22 cm^2
Eiche	50 cm^2
Wein (etwa so groß wie eine Postkarte)	150 cm^2
Victoria regia * (etwa so groß wie ein großer runder Tisch)	20 000 cm^2

* Victoria regia ist eine Seerose, die im Amazonasgebiet wächst. Sie ist nach der englischen Königin Victoria (1819-1901) benannt worden.

Quiz: Pflanzen brauchen Luft

Luft ist ein Gemisch aus verschiedenen Gasen z. B. Sauerstoff und Kohlenstoffdioxid. Beim Stoffwechsel der Pflanzen (Fotosynthese und Zellatmung) werden einige dieser Gase gebraucht, andere werden an die Luft abgegeben.

Male jeweils einen Kreis um die Buchstaben vor den richtigen Antworten. Die gekennzeichneten Buchstaben – von oben nach unten gelesen – verraten dir einen anderen „Stoff", den die Pflanzen außerdem noch an die Luft abgeben.

Was brauchen Pflanzen zum Atmen?

F Kohlenstoffdioxid
M Wasserdampf
W Sauerstoff

Was brauchen Pflanzen zur Fotosynthese?

X Sauerstoff
Y Nährstoffe
Z Mineralstoffe

Welches Gas wird bei der Fotosynthese in den Chloroplasten freigesetzt?

A Sauerstoff
U Chlorgas
E Kohlenstoffdioxid

Was brauchen Menschen und Tiere zum Atmen?

R Stickstoff
S Sauerstoff
T Kohlenstoff

Welche Lebewesen produzieren Sauerstoff?

T Menschen
R Tiere
S Pflanzen

Welches Gas entsteht bei der Atmung von Pflanzen?

O Wasserdampf
I Stickstoffoxid
E Kohlenstoffdioxid

Welches Gas entsteht bei der Atmung von Menschen und Tieren?

G Wasserdampf
N Stickstoffoxid
R Kohlenstoffdioxid

Der Stoff heißt ◯ ◯ ◯ ◯ ◯ ◯

Kreuzworträtsel: Pflanzen brauchen Licht

Klassenstufe	Spieldauer	Personen	Vorbereitung
5.-8. Klasse	10 min	Einzelspiel ✏	L: Vorlage kopieren

Einstieg

Bedeutung der grünen Pflanzen für das Leben
Pflanzen reagieren auf Licht
Die Blätter der grünen Pflanzen wandeln Sonnenenergie um
Fotosynthese
Wenn die Pflanzen Nährstoffe herstellen, entsteht dabei auch Sauerstoff

INFO!
Wenn Pflanzen Nährstoffe herstellen, brauchen sie verschiedene Zutaten:
1. Wasser. Es kommt aus der Erde und wird von den Wurzeln aufgesaugt.
2. Luft. Sie kommt überall in großer Menge vor. Der Teil, den die Pflanze davon braucht, ist Kohlenstoffdioxid. Pflanzen können es durch kleine Öffnungen in den Blättern, den Spaltöffnungen, aufnehmen. Die „Fabrik", in der die Nährstoffe hergestellt werden, sind die Blätter. Und die „Labors" in den Blättern sind kleine grüne Körnchen. Sie enthalten Blattgrün oder Chlorophyll.
3. Licht. Wenn es dunkel ist, können keine Nährstoffe hergestellt werden. Damit alles klappt, brauchen die Pflanzen Licht. Sie fangen es mit den grünen Körnchen ein.

Lösungen

Das Lösungswort heißt: SONNE.

Von links nach rechts:
WAS**S**ER
KOHLENST**O**FFDIOXID
BLATTGRUE**N**
TRAUBE**N**ZUCKER
SAU**E**RSTOFF

Kreuzworträtsel: Pflanzen brauchen Licht

In den grünen Blättern der Pflanzen werden Nährstoffe produziert. Diesen chemischen Vorgang nennt man Fotosynthese. Dazu werden verschiedene Ausgangsstoffe gebraucht. Weißt du welche?

Der Stoff, der die Energie nutzen kann: ▼

Der Rohstoff für die Nährstoffproduktion, den die Pflanze aus der Luft nimmt: ▼

Der Nährstoff, der bei der Fotosynthese entsteht: ▼

Der Rohstoff für die Nährstoffproduktion, den die Pflanze aus dem Boden nimmt: ▼

Das „Abfallprodukt" bei der Fotosynthese, lebensnotwendig für alle Lebewesen: ▼

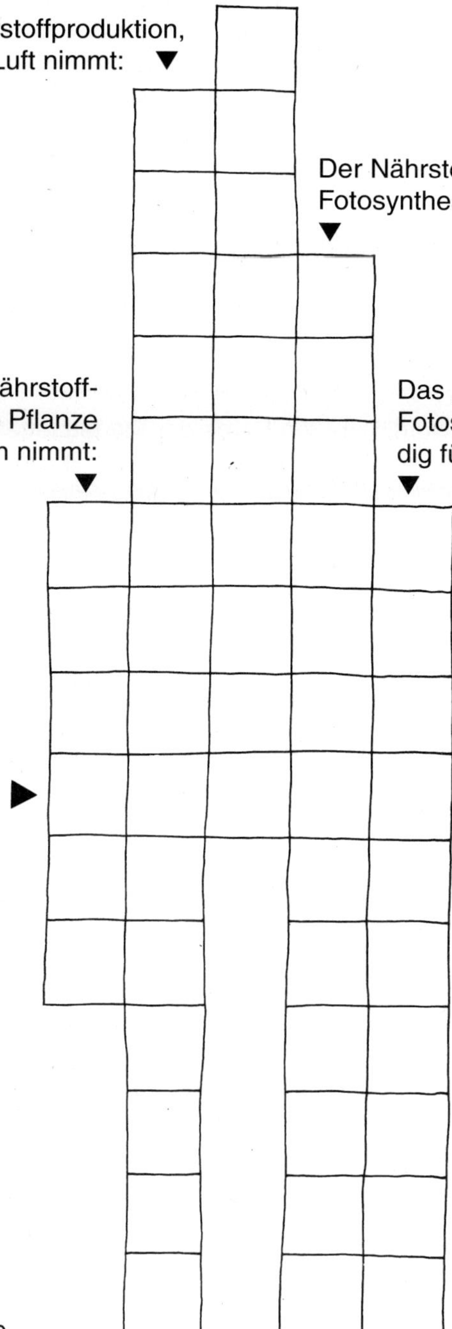

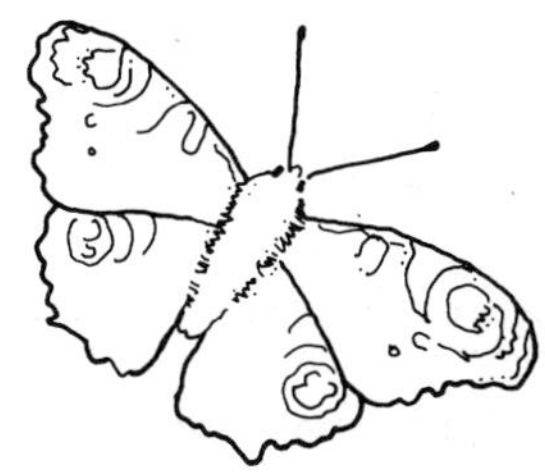

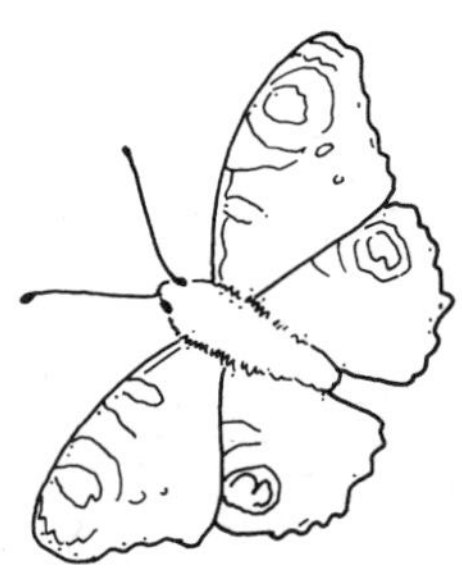

Wenn du die richtigen Begriffe in die Kästchen einträgst, kannst du in den gekennzeichneten Kästchen lesen, wer die Energie für die Fotosynthese liefert.

Es ist die ___ ___ ___ ___ ___ .

Kreuzworträtsel: Nicht alle Blätter sind grün

Klassenstufe	Spieldauer	Personen	Vorbereitung
5./6. Klasse	10 min	Einzelspiel ✏	L: Vorlage kopieren

Einstieg

Organe der Blütenpflanzen
Aufbau einer Blüte
Umbildungen des Blattes

Lösungen

Das Lösungswort heißt: RANKE.

1 K**r**on(-blätter)
2 St**a**ub(-blätter)
3 **N**ieder(-blätter)
4 **K**elch(-blätter)
5 K**e**im(-blätter)

Bei vielen Schmetterlingsblütlern sind die oberen Paare der Fiederblätter oder sogar das ganze Blatt zur Ranke umgebildet. Mit ihrer Hilfe rankt sich die Pflanze an einer Stütze empor.

Kreuzworträtsel: Nicht alle Blätter sind grün

Klatschmohn ist knallrot und Butterblumen sind goldgelb, Wiesen-Salbei ist dunkelblau und Margeriten sind blütenweiß. Natürlich sind nicht die ganzen Pflanzen so bunt, sondern nur die Blütenblätter. Die anderen Blätter sind grün. Aber auch nicht alle!

Blätter haben nicht nur verschiedene Farben und Formen, sie haben auch verschiedene Aufgaben und werden verschieden bezeichnet:

Keim(-blätter) – Kelch(-blätter) – Kron(-blätter) – Nieder(-blätter) – Staub(-blätter)

Hier sind verschiedene Aufgaben beschrieben. Trage jeweils die richtige Vorsilbe der Bezeichnung in das Rätselblatt ein. In den gekennzeichneten Kästchen kannst du dann lesen, wie man eine weitere Umbildung des Blattes nennt.

1 Im Frühjahr, bevor die Waldbäume grün werden, blühen auf dem Waldboden die Frühblüher in leuchtend bunten Farben.
Welche Blätter locken Insekten an?

2 Bei der Bestäubung werden Pollenkörner von Insekten oder vom Wind von einer Blüte zur anderen getragen. Die Staubbeutel mit den Pollenkörnern gehören zur Blüte. Welche Blätter tragen die Staubbeutel?

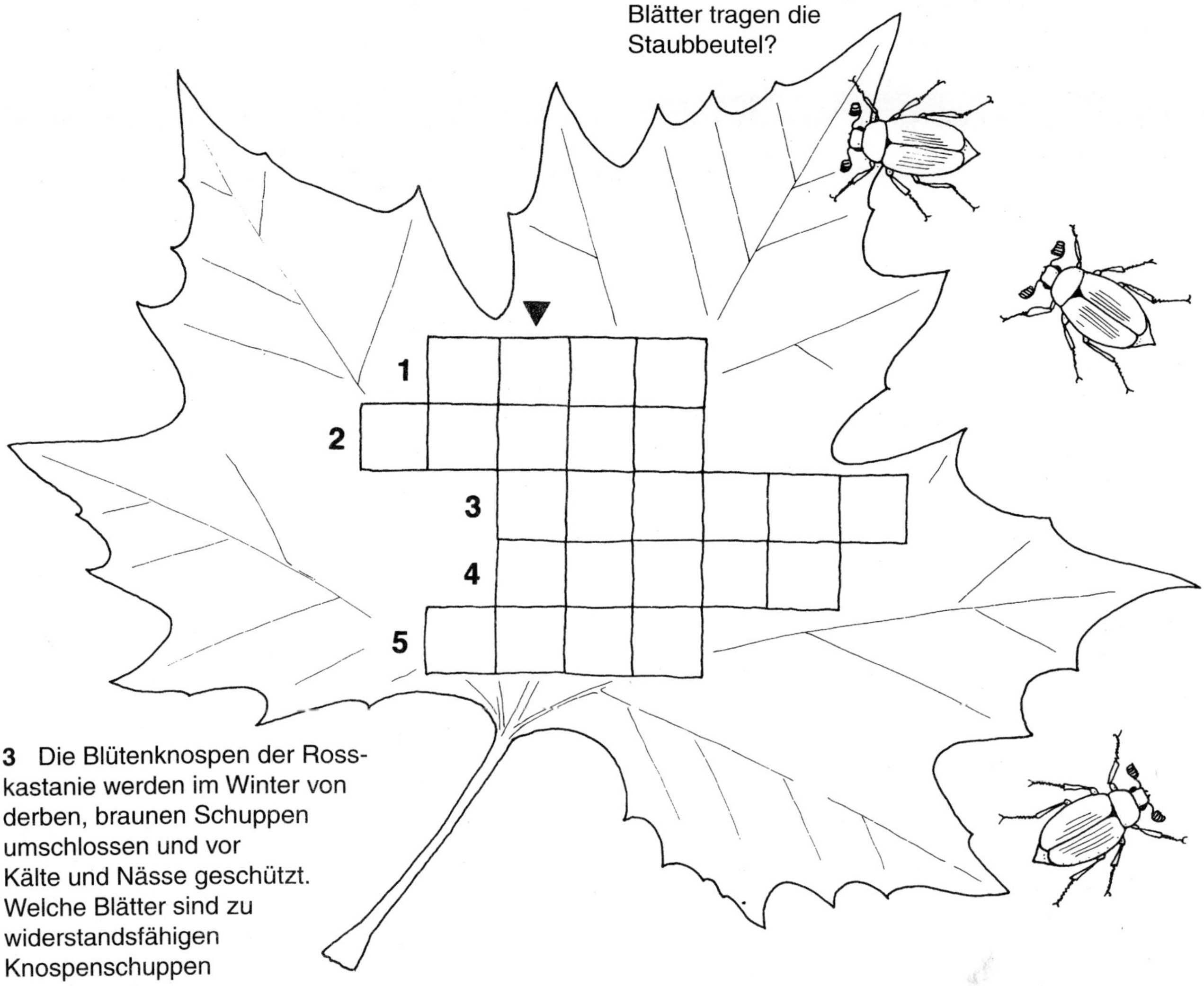

3 Die Blütenknospen der Rosskastanie werden im Winter von derben, braunen Schuppen umschlossen und vor Kälte und Nässe geschützt. Welche Blätter sind zu widerstandsfähigen Knospenschuppen umgebildet?

4 Bei einem Apfel sitzen an einer Seite der Stiel, an der anderen meist kleine, vertrocknete Blättchen, ein Rest der Blüte. Sie haben zur Blütezeit die Blütenblätter umgeben. Wie heißen diese Blätter?

5 Im Frühjahr wächst aus der Buchecker ein Keimling. Diese Blätter sind schon im Samen vorbereitet und mit Nährstoffen vollgepackt. Sie sind die ersten Blätter, die sich entfalten. Wie heißen sie?

Sammeln, bestimmen, zuordnen: Blätter haben verschiedene Formen

Klassenstufe	Spieldauer	Mitspieler	Vorbereitung
7./8. Klasse	5 min	Einzelspiel ✂	L: Vorlage kopieren, Scheren und Klebstoff bereitstellen

Einstieg

Wald ist nicht gleich Wald
Wir bestimmen einige Bäume
Laubbäume und Nadelbäume

Laubbäume haben Laubblätter
Das Blatt einer Rotbuche hat eine viel größere Oberfläche als eine Fichtennadel. Deshalb verdunstet bei einer Buche auch viel mehr Wasser als bei einer Fichte. Also muss eine Buche auch mehr Wasser aufnehmen. Wenn nun im Winter das Wasser in der Erde zu Eis gefriert, können die Wurzeln kein Wasser mehr aufsaugen. Wenn dann aber noch weiter Wasserdampf durch die Blätter abgegeben würde, müssten die Bäume „verdursten". Damit das nicht passiert, werden die Blätter der Laubbäume einfach vor dem Winter abgeworfen und die Leitungen „verkorkt".

Nadelbäume haben Nadeln
Nadeln sind Blätter. Sie haben dieselben Aufgaben wie die grünen Blätter der Laubbäume. Allerdings sind sie besonders schmal und hart, manchmal auch spitz wie eine Nadel. Die Nadeln unterscheiden sich bei den verschiedenen Arten so stark, dass man die Bäume daran erkennen kann. Die Nadeln sind nicht nur schmaler als Laubblätter, sie haben eine harte Außenhaut, die noch mit einer Wachsschicht überzogen ist. Dadurch sind die Nadeln besonders gut gegen Kälte und Austrocknen geschützt. Die Nadelbäume brauchen deshalb ihre Blätter im Herbst nicht abzuwerfen.

Lösungen

Das Lösungswort heißt: HERBSTLAUB.

1	Rotbuche	H
2	Sommerlinde	E
3	Stieleiche	R
4	Spitzahorn	B
5	Ginkgo	S
6	Heckenrose	T
7	Rosskastanie	L
8	Bergahorn	A
9	Tulpenbaum	U
10	Kiefer	B

Sammeln, bestimmen, zuordnen: Blätter haben verschiedene Formen

Wenn im Herbst die Blätter durch die Luft gewirbelt werden und jeden Tag eine dickere Schicht auf dem Boden liegt, kannst du sehen, welch unterschiedliche Formen es gibt. Sammle möglichst viele, verschiedene Blätter und versuche herauszufinden, von welchem Baum sie stammen. Wenn du sie in deinem Schulbuch nicht finden kannst, hilft dir ein Naturführer weiter.

Hier sind verschiedene Blätter abgebildet. Schreibe die Kennbuchstaben in die passenden Kästchen. Sie nennen dir ein anderes Wort für bunte Blätter. Es ist

__ __ __ __ __ __ __ __ __ __
1 2 3 4 5 6 7 8 9 10

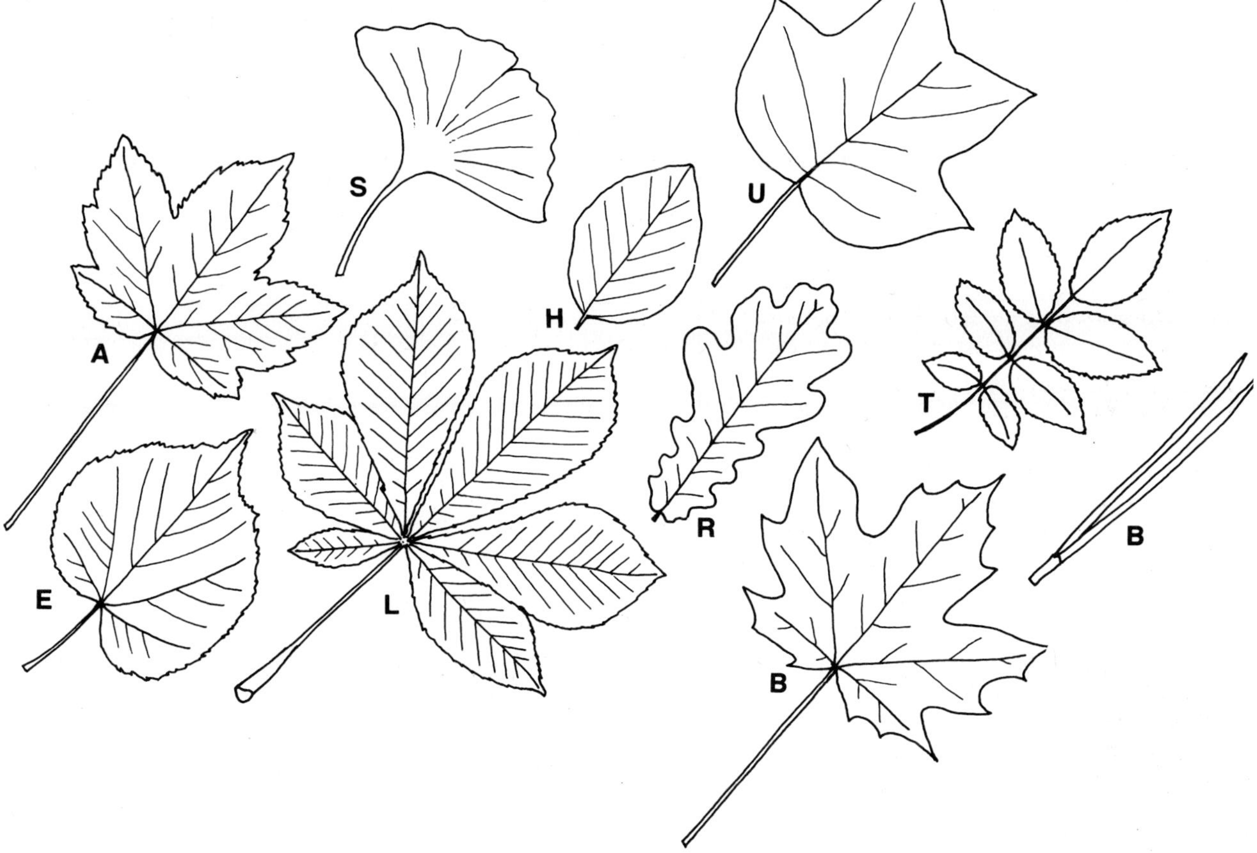

☐ **1 Rotbuche:** Die Blätter sind einfach, eiförmig und ganzrandig.

☐ **2 Sommerlinde:** Die Blätter sind einfach und herzförmig. Der Blattrand ist gesägt.

☐ **3 Stieleiche:** Die Blätter sind einfach, am Rand gebuchtet und haben einen kurzen Stiel.

☐ **4 Spitzahorn:** Diese Blattform nennt man gelappt. Die Blätter haben drei Hauptlappen und mehrere zugespitzte Nebenlappen.

☐ **5 Ginkgo:** Bei dieser besonderen Blattform teilen sich die Blattadern fächerförmig. Das Blatt ist in der Mitte gelappt.

☐ **6 Heckenrose:** Die Blätter sind zusammengesetzt. Man nennt diese Blattform unpaarig gefiedert. Ein Blatt hat meistens sieben Fiedern. Der Blattrand ist gezähnt.

☐ **7 Rosskastanie:** Die Blätter sind zusammengesetzt und werden als fingerförmige Blätter bezeichnet. Zu einem Blatt gehören meistens sieben „Finger".

☐ **8 Bergahorn:** Die Blätter sind gelappt und am Rand gezähnt

☐ **9 Tulpenbaum:** Die Blätter sind gelappt. Die vier Lappen sind ganzrandig.

☐ **10 Kiefer:** Die Blätter sind besonders schmal und lang. Sie wachsen immer als Paar.

Basteln: Lauter bunte Blätter

Klassenstufe	Spieldauer	Personen	Vorbereitung
5./6. Klasse	40 min	Einzelarbeit Hausaufgabe ✏ ✂	L: Vorlage kopieren, Scheren, Locher, Klebstoff und Küchenkrepppapier bereitstellen S: Blätter in verschiedenen Formen und Farben sammeln, Papier (evtl. Stoff) zum Drucken, Plakafarben (Stofffarben), Wachsmalstifte, Pinsel, alte Zahnbürste, Teesieb

Einstieg

Laubbäume

INFO!
Bevor die Bäume im Herbst ihre Blätter verlieren, färben sie sich bunt. Das liegt daran, dass in den Blättern nicht nur Blattgrün steckt, sondern noch andere Farbstoffe. Das Blattgrün verschwindet im Herbst zuerst, die anderen **Farbstoffe** bleiben aber noch eine Zeitlang in den Blättern erhalten. Und dadurch wird die rote, orangene oder gelbe Färbung der Blätter sichtbar. Später werden alle Blätter braun.

Zusatzaufgaben

Herbarium

Wenn man Blätter in den verschiedenen Formen und Farben sammelt, kann man ein Herbarium anlegen. Zum Trocknen legt man jedes Blatt zwischen mehrere Lagen von Zeitungspapier. Wenn alle Blätter so vorbereitet sind, stapelt man sie übereinander und beschwert sie mit einem Stein oder einem dicken Buch. Nach ein paar Tagen sind die Blätter fertig: getrocknet und gepresst.

Dann schreibt man zu jedem Blatt einen kleinen Steckbrief, klebt ihn zusammen mit den Blättern auf einen Karton und heftet ihn in einem Ordner ab. Wenn man die Blätter nach ihrem Aussehen zusammenstellt, erhält man eine Übersicht über die verschiedenen Blattformen und -ränder. Man kann aber auch in einem Bestimmungsbuch nachsehen und die Blätter – ganz wissenschaftlich – nach Familien ordnen.

INFO!
Ein **Herbarium** ist – wenn man es wörtlich nimmt – eine Kräutersammlung. Denn das lateinische Wort „herba“ bedeutet Kraut. Ein Herbarium kann aber auch eine Blättersammlung sein.

Basteln: Lauter bunte Blätter

Bei einem Herbstspaziergang durch einen Wald oder Park kannst du Blätter in verschiedenen Formen und Farben finden. Bekommst du da nicht auch Lust, die Blätter zu sammeln und damit zu Hause Bilder aus Blättern zu „malen" oder mit Blättern zu „drucken"?

Wenn du die Blätter getrocknet und gepresst hast, kannst du sie nach Farben und Formen ordnen und dir einen „Farbkasten" und einen „Formenkasten" daraus zusammenstellen. Dann brauchst du nur noch zu überlegen, was du mit den Blättern machen willst.

Collagen (das sind Bilder, die aus verschiedenen Materialien, z. B. Blättern, geklebt werden)

Dazu brauchst du:
- *gepresste Blätter in verschiedenen Formen und Farben,*
- *Papier und Klebstoff*

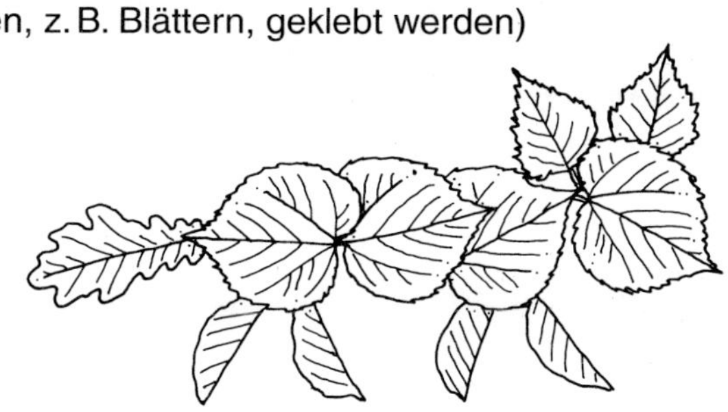

Mit etwas Phantasie kannst du Landschaften, Tiere oder Muster zusammenstellen.

Positivdruck (Drucken mit Blättern wie mit einem Stempel)

Dazu brauchst du:
- *Blätter in verschiedenen Formen,*
- *Papier zum Drucken und Küchenkrepppapier zum Abdecken,*
- *Plakafarben und*
- *einen Pinsel.*

So geht das:
Du streichst die Unterseite des Blattes (das ist die, auf der die Blattadern deutlich zu erkennen sind) mit Farbe ein. Dann legst du das Blatt mit der Farbseite auf das Papier (oder auf Stoff), deckst es mit einem Stück Küchenkrepp ab und drückst fest, aber vorsichtig, mit der Faust darauf. Dann nimmst du das Blatt weg und lässt den Druck trocknen.
Wenn du Taschentücher, Tischsets oder ein T-Shirt bedrucken willst, brauchst du Stofffarben. Damit nichts schief geht, übst du am besten zuerst auf einem Stoffrest.

Negativdruck (die Stelle, an der ein Blatt liegt, bleibt frei)

Dazu brauchst du:
- *Blätter in verschiedenen Formen,*
- *Papier,*
- *Plakafarben,*
- *eine alte Zahnbürste und ein Teesieb.*

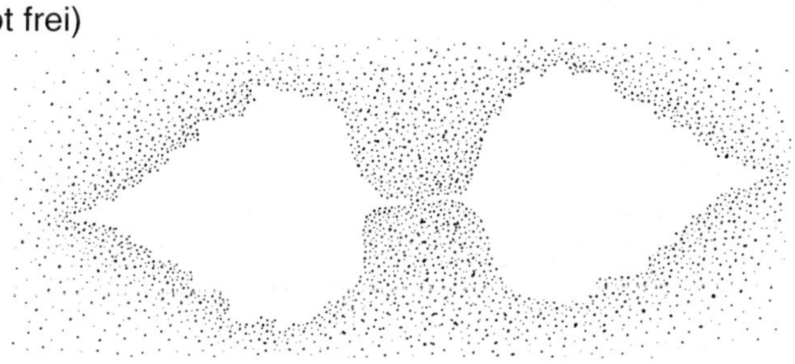

So geht das:
Du legst die Blätter auf Papier, tauchst die Zahnbürste in Farbe und streichst damit leicht über das Sieb. Das Papier wird rund um das Blatt durch Farbspritzer eingefärbt. Du musst ein bisschen üben, bis die Farbe dahin spritzt, wo du es willst!

Frottage (das heißt: Durchreiben)

Dazu brauchst du:
- *Blätter in verschiedenen Formen,*
- *Papier,*
- *Wachsmalstifte,*

So geht das:
An der Unterseite der Blätter sind die Blattadern meistens sehr deutlich zu sehen. Wenn du ein Blatt Papier darüber legst, kannst du das Muster mit einem Wachsmalstift durchreiben.

Das Blatt-Spiel: Wettlauf zur Blattspitze

Bei diesem Spiel können zwei, drei oder vier Kinder mitspielen – und außerdem ein paar Käfer.

Ihr braucht zum Spielen:
- *den Spielplan*
- *sechs rote Käfer,*
- *sechs blaue Käfer und*
- *sechs grüne Käfer*
  (als „Käfer“ nehmt ihr Spielfiguren oder bunt angemalte Steine)

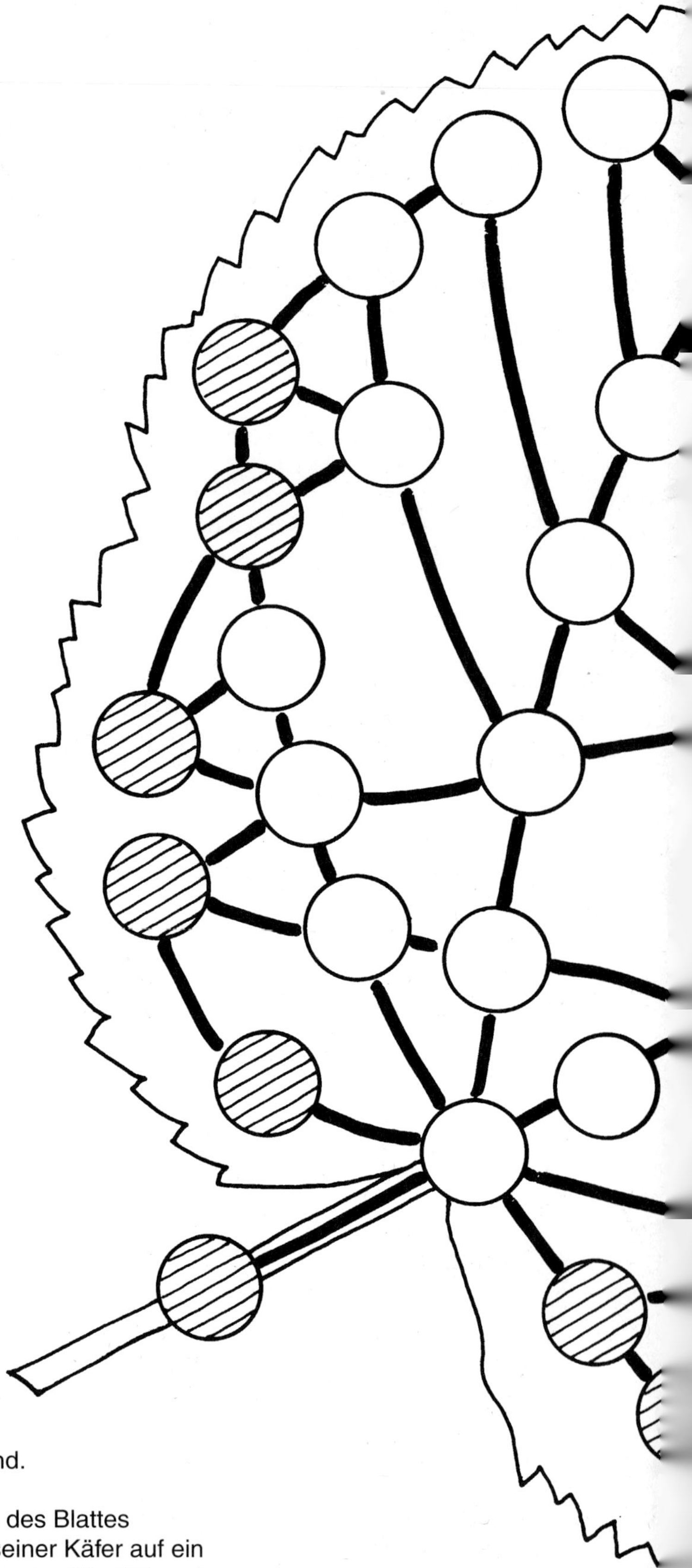

Spielanleitung
Zuerst werden die Käfer verteilt. Wenn ihr zu viert spielt, bekommt jeder 3 Käfer, wenn ihr zu dritt spielt, bekommt jeder 4 Käfer, wenn ihr nur zu zweit seid, spielt jeder mit 6 Käfern (jeweils in einer Farbe). Ihr setzt abwechselnd eure Käfer auf die schraffierten Felder am Blattgrund (das heißt: in der Nähe des Stiels), bis alle Käfer auf dem Blatt sind. Wer am jüngsten ist, fängt an.
Die Käfer sollen nun so schnell wie möglich zur Spitze des Blattes krabbeln. Dazu zieht jeder der Reihe nach mit einem seiner Käfer auf ein Feld, das durch eine Linie mit einem anderen verbunden ist. Die Käfer können sich in jede Richtung bewegen, sie dürfen sich aber nur auf solchen Feldern niederlassen, auf denen kein anderer Käfer sitzt. Sie dürfen kein Feld überspringen und auch die „Wege“ nicht verlassen. Das gibt manchmal ein großes Gedränge. Um zur Spitze zu kommen, müssen einige Käfer Umwege machen oder sogar einmal rückwärts laufen. Wer als erster mit drei Käfern an der Blattspitze (das heißt: auf den dick umrandeten Feldern) angekommen ist, hat gewonnen.

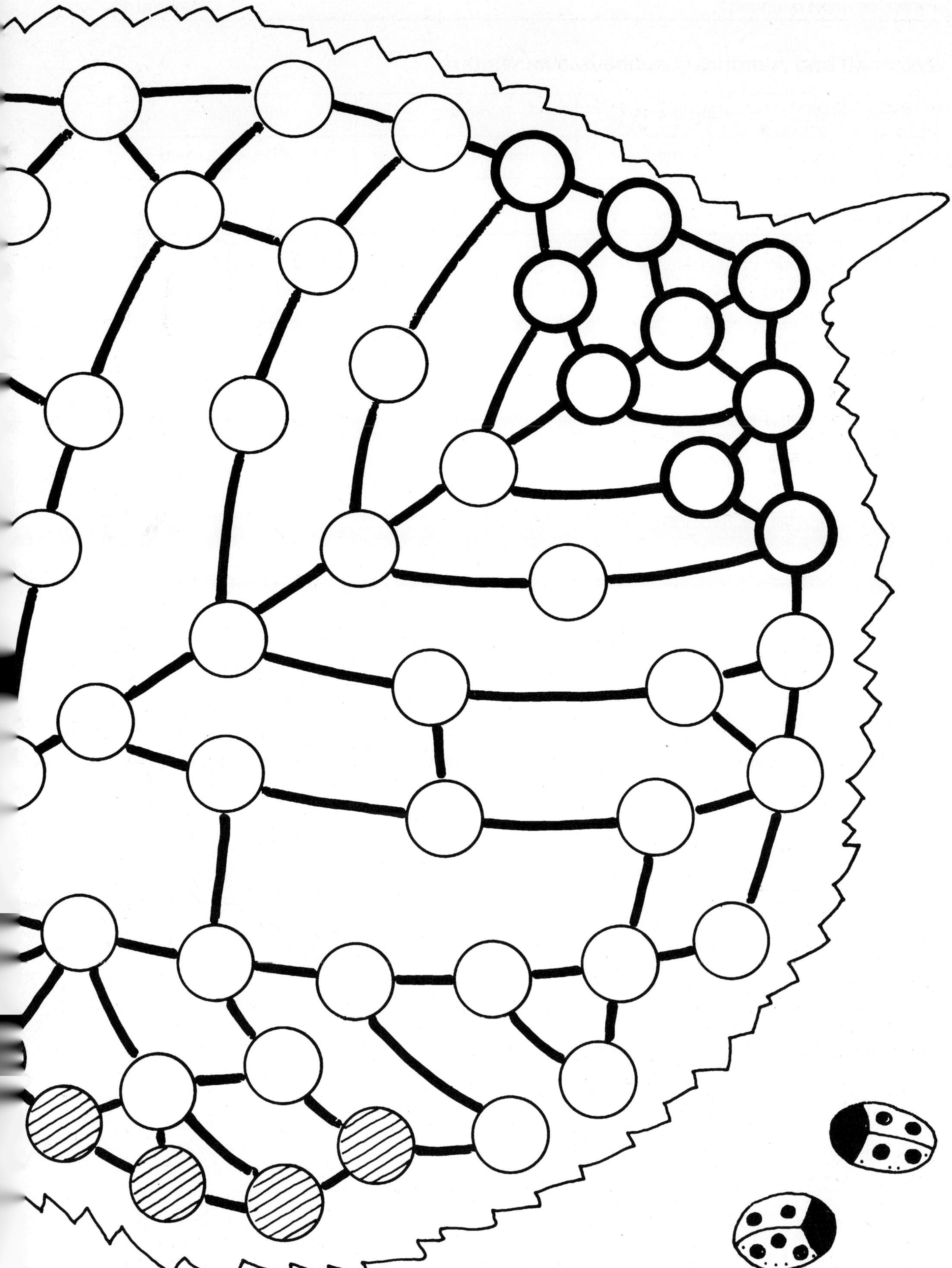

Zeichnen und zuordnen: Laubbäume im Winter

Klassenstufe	Spieldauer	Personen	Vorbereitung
5.-8. Klasse	10 min	Einzelspiel ✏	L: Vorlage kopieren

Einstieg

Bäume und Sträucher in Garten, Park und Wald
Wir bestimmen Laub- und Nadelbäume
Laubbäume im Winter

Zusatzaufgaben

Rindenalbum

Wenn man die Muster der Rinde von verschiedenen Bäume kennenlernen und vergleichen will, legt man am besten ein „Rindenalbum" an. Dazu sollte man aber nie die Rinde von einem Baum abziehen! Statt dessen kann man eine Frottage machen. Die verschiedenen Muster der Rinden lassen sich nämlich gut auf Papier durchreiben.

Dazu braucht man:

- *Pergamentpapier (Butterbrotpapier)*
- *Klebeband und*
- *Wachsmalstifte.*

So geht das:
Man befestigt ein Stück Papier mit Klebestreifen auf dem Stamm. Dann reibt man langsam mit dem Stift über das Papier. Damit das Papier nicht einreißt, hält man den Stift möglichst flach. Dort wo Furchen, Risse und Schuppen auf der Rinde sind, bleibt mehr Farbe auf dem Papier hängen, und so entsteht das besondere Rindenmuster für die Sammlung.
Wenn man im Herbst eine Frottage von den entsprechenden Blättern anfertigt (s. Material 17) und dazu klebt, hat man gleich zwei Merkmale zusammen, an denen man einen Baum erkennen kann. In einem Bestimmungsbuch kann man nachsehen und den Namen des Baumes zur Frottage schreiben.

Lösungen

Im Bestimmungsbuch oder Schulbuch Blattformen überprüfen.
Erkennungsmöglichkeiten der Laubbäume im Winter: Wuchsform, Rinde, Knospen.

Hinweise und Lösungen **Material 18**

Das Blatt-Spiel: Wettlauf zur Blattspitze (S. 40/41)

Klassenstufe	Spieldauer	Personen	Vorbereitung
5.-10. Klasse	15 min	2-4	L: Vorlage kopieren (A3-Format)

Hinweis

Zum Spielen müssen Spielfiguren mitgebracht oder vorbereitet werden. Kinder können zu Hause Steine als Käfer bemalen.

Zeichnen und zuordnen: Laubbäume im Winter

Viele Bäume kann man an ihren Blättern erkennen. Wenn sie kahl sind, sehen sich die meisten Bäume ziemlich ähnlich. Aber schau einmal genau hin! Man kann sie zum Beispiel an ihrer Wuchsform, ihrer Rinde und der Form ihrer Winterknospen unterscheiden.

Hier sind die Silhouetten von verschiedenen, heimischen Laubbäumen gezeichnet.
Male die passenden Blätter dazu.

Die Säulenpappel
ist an der Form, in der sie wächst, besonders gut von anderen Bäumen zu unterscheiden: Die Krone ist schmal, alle Äste recken sich nach oben. Die Rinde ist grobrissig.
Die Pappel wird 35 Meter hoch.

Die Rosskastanie
wird 30 Meter hoch. Ihre Krone ist weit ausladend. Der Stamm der Rosskastanie hat eine schuppige Borke.

Die Rotbuche
kommt in vielen Wäldern vor. Sie wird 40 Meter hoch. Die Rotbuche hat einen geraden Stamm mit einer glatten, silbriggrauen Rinde.

Die Weißbirke
hat einen schlanken Stamm mit einer weißen Rinde. Die Rinde löst sich oft in kleinen Fetzen, die dünn wie Papier sind und sich leicht abziehen lassen.
Die Birke wird 30 Meter hoch.

Die Sommerlinde
steht meist einzeln und wird dann zu einem mächtigen Baum mit einer ausladenden Krone.
Sie wird 45 Meter hoch. Sie hat einen dicken Stamm mit grobrissiger Rinde.

Die Stieleiche
ist der größte Laubbaum in unseren Breiten. Sie kann 50 Meter hoch werden. Die Stieleiche hat einen kräftigen Stamm mit einer grobrissigen Borke.
Die Äste sind knorrig und verwinkelt.

Achte bei einem Spaziergang im Wald oder im Park auf die Wuchsform der Bäume.
Vielleicht erkennst du sie wieder.

Buchstaben ordnen: Pflanzen, die immer grün sind

Klassenstufe	Spieldauer	Personen	Vorbereitung
5.-8. Klasse	5 min	Einzelspiel ✏	L: Vorlage kopieren

Einstieg

Immergrüne Pflanzen
Unsere Nadelbäume

Lösungen

Das Lösungswort heißt: FICHTE.

1 E**F**EU, 2 **I**MMERGRUEN, 3 WA**C**HOLDER, 4 STEC**H**PALME, 5 MIS**T**EL, 6 KIEF**E**R

Buchstaben ordnen: Pflanzen, die immer grün sind

„O Tannenbaum, o Tannenbaum ..... „
Du weißt bestimmt, wie die nächsten Zeilen des Weihnachtsliedes heißen!
Aber nicht nur Tannen sind im Winter grün. Es gibt noch mehr Pflanzen, die das ganze Jahr über grün bleiben. Man nennt sie immergrüne Pflanzen.

Hier sind einige davon abgebildet und beschrieben. Bei den Namen sind allerdings die Buchstaben vertauscht worden.

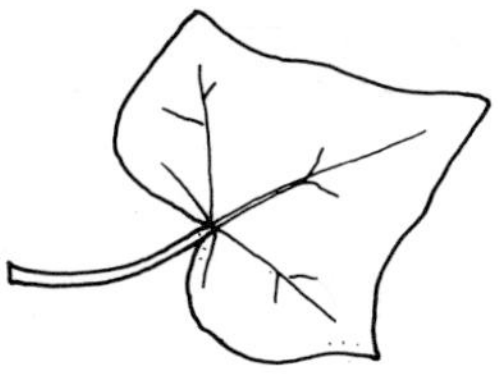

1 EUFE
Manchmal ist ein Baumstamm völlig mit grünen Blättern bedeckt. Die Pflanze, zu der diese Blätter gehören, wächst mit den Wurzeln in der Erde und klettert an den Bäumen hoch.

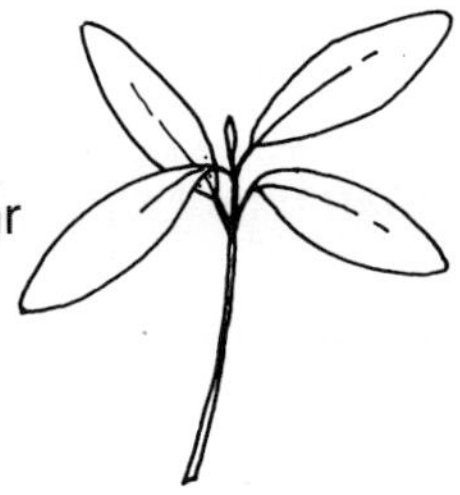

2 MEERGURMIN
Die Pflanze wächst auf dem Waldboden und kann große Flächen bedecken. Im Frühjahr hat sie himmelblaue Blüten.

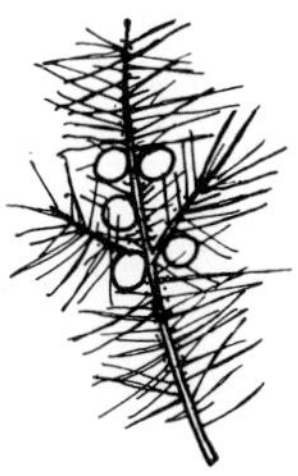

3 DACHWORLE
Die Pflanze hat kurze, harte und sehr spitze Nadeln. Die schwarzen, blau bereiften Früchte werden getrocknet und als Gewürz verwendet.

4 PECHMALSTE
Die harten, stacheligen Blätter dieser Pflanze haben eine derbe, äußere Haut als Schutz gegen Kälte. Die roten Früchte sind schon im Oktober reif, sitzen aber noch im Dezember an den Zweigen. In England werden sie als Weihnachtsschmuck in die Häuser geholt.

5 STIMEL
Manchmal sieht man im Winter in den kahlen Baumkronen kleine, grüne Büsche. Diese Pflanze kann nur auf Bäumen leben. Sie steckt eine Art „Saugrohr" unter die Rinde des Baumes und zapft so dessen Wasserleitungen an.

6 FIERKE
Der Baum braucht viel Licht. Er kann nicht in dichten, dunklen Wäldern wachsen. Seine Nadeln sind dunkelgrün und besonders lang. Sie wachsen immer als Paar.

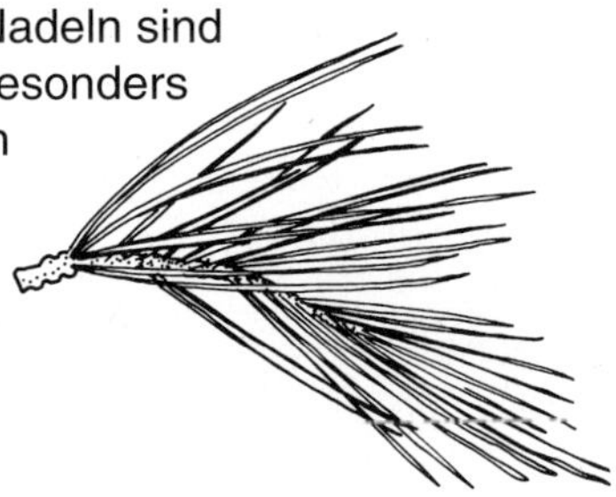

Trage die richtigen Bezeichnungen in das Kreuzworträtsel ein.
In den gekennzeichneten Kästchen kannst du dann lesen, welcher Baum meistens als Weihnachtsbaum genommen wird.

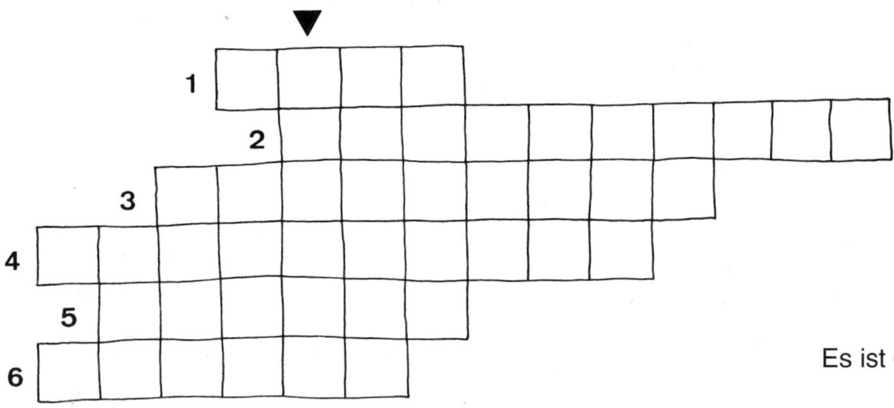

Es ist die _ _ _ _ _ _ .
1 2 3 4 5 6

Kreuzwortpuzzle: Baumkuchen

Klassenstufe	Spieldauer	Personen	Vorbereitung
7./8. Klasse	15 min	Einzelspiel	L: Vorlage kopieren

Einstieg

Das Alter der Bäume
Wachstum
Der Wald als Holzlieferant

INFO!
Wenn eine Pflanze wächst, wird sie nicht nur höher, sondern auch dicker. Dazu müssen sich die Zellen im Stängel so teilen, dass die beiden neuen Zellen nicht übereinander, sondern nebeneinander liegen. Die dicksten Pflanzen sind die Bäume. Ein Baum wird jedes Jahr um einen „Ring" von neuen Zellen dicker. Dieser Ring liegt unter der Rinde. Man nennt ihn **Jahresring**.
So entstehen Jahresringe: Im Winter, wenn es kalt ist, teilen sich die Zellen im Stamm eines Baumes nicht. Damit fangen sie erst im Frühjahr an. Die neuen Zellen sind dann besonders groß. Man nennt sie **Frühholz**.
Die Zellen, die im Laufe des Sommers gebildet werden, sind nicht mehr so groß. Und im Herbst sind sie viel kleiner. Das kann man deutlich sehen. Man nennt sie **Spätholz**.
Im nächsten Frühjahr geht es dann wieder mit großen Zellen weiter.

Lösungen

außen: STAMM - BORKE - RINDE
2. Ring: SPLINTHOLZ - KERNHOLZ - BAST
3. Ring: WACHSTUMSSCHICHT
4. Ring: JAHRESRINGE
innen: ZELLEN

Ganz schön dick! *

Tanne	3 Meter
Rotbuche	2 Meter
Eiche	4 Meter
Linde	5 Meter
Mammutbaum	11 Meter
Affenbrotbaum	15 Meter

(* Damit ist der Stammdurchmesser gemeint!)

Ganz schön hoch!

Tanne	70 Meter
Rotbuche	40 Meter
Eiche	50 Meter
Linde	35 Meter
Mammutbaum	130 Meter
Rieseneukalyptus	150 Meter

(fast so hoch wie der Kölner Dom!)

Wörterpuzzle: Baumkuchen

Die Tortenstücke sind mit geheimnisvollen Texten verziert. Welche Begriffe standen auf der Torte, bevor sie auseinander geschnitten wurde und die Stücke verteilt worden sind?

außen: _ _ _ _ _ * _ _ _ _ _ * _ _ _ _ _

2. Ring: _ _ _ _ _ _ _ _ _ _ * _ _ _ _ _ _ _ _ * _ _ _ _ _

3. Ring: _ _ _ _ _ _ _ _ _ _ _ _ _ _ _ _

4. Ring: _ _ _ _ _ _ _ _ _ _ _

innen: _ _ _ _ _ _

Bilderrätsel: Ein uralter Baum

Klassenstufe	Spieldauer	Mitspieler	Vorbereitung
7./8. Klasse	5 min	Einzelspiel ✂	L: Vorlage kopieren

Einstieg

Das Alter der Bäume
Einjährige und mehrjährige Pflanzen

Zusatzaufgaben

Alter der Bäume auf dem Schulhof oder im nahen Park schätzen und messen lassen

Lösungen

Der gesuchte Baum ist ein GINKGO.
Die abgebildeten Tiere sind: 1 **I**guanodon, 2 Tr**i**ceratops, 3 Tyra**n**nosaurus, 4 **K**rokodil, 5 Ste**g**osaurus, 6 Dipl**o**dokus.

Z Wenn man wissen will, wie alt ein Baum ist, kann man das entweder an den Jahresringen abzählen – aber erst dann, wenn der Baum gefällt worden ist – oder man berechnet das Alter ungefähr aus dem Umfang des Stammes. Dazu legt man ein Bandmaß um den Stamm – mindestens 1 m über der Erde. (Man kann auch eine Kordel nehmen und später mit einem Meterstab nachmessen.)
Der Stammumfang nimmt bei freistehenden Bäumen in einem Jahr etwa 2,5 cm zu (bei Bäumen, die mitten im Wald stehen, ist es viel weniger). Dann stellt man folgende Rechnung an:

Umfang des Baumes (in Zentimetern) : 2,5 = Alter des Baumes.

Ein Baum mit einem Umfang von 5 Metern (= 500 cm) ist also ungefähr 200 Jahre alt.

Ganz schön alt!	
Alpenveilchen	60 Jahre
Birke	120 Jahre
Weinstock	130 Jahre
Apfelbaum	200 Jahre
Kirschbaum	400 Jahre
Efeu	440 Jahre
Kiefer	500 Jahre
Rotbuche	900 Jahre
Eiche	1300 Jahre
Linde	1900 Jahre
Mammutbaum	4000 Jahre
Borstenkiefer	4600 Jahre

So alt können Blätter werden:	
Efeu	1 bis 3 Jahre
Kiefer	2 bis 3 Jahre
Stechpalme	2 bis 4 Jahre
Fichte	4 bis 6 Jahre
Welwitschia *	100 Jahre

* Der Nacktsamer hat nur zwei Laubblätter, die an der Basis ständig wachsen und an der Spitze absterben.

Ein uralter Baum

In einem Museum stehen die Modelle von fünf Dinosauriern (Diplodokus, Iguanodon, Stegosaurus, Triceratops und Tyrannosaurus), die schon lange ausgestorben sind und von einem saurierähnlichen Kriechtier, das heute noch lebt.

Hast du die Tiere erkannt? Trage jeweils den angegebenen Buchstaben in das Kästchen ein. Die Buchstaben ergeben den Namen einer Baumart. Sie ist ein „Saurier" unter den Pflanzen: die „älteste" Baumart auf der Erde. Das heißt, es hat diese Pflanzenart schon vor 150 Millionen Jahren gegeben, also in der Zeit, als die Dinosaurier lebten. Ein einzelner Baum kann 2000 Jahre alt werden.

Es ist ein __ __ __ __ __ __ .
1 2 3 4 5 6

1 2. Buchstabe ☐
2 3. Buchstabe ☐
3 5. Buchstabe ☐
4 1. Buchstabe ☐
5 4. Buchstabe ☐
6 5. Buchstabe ☐

Wörter suchen: In einem Baum sind viele Tiere zu Hause

Klassenstufe	Spieldauer	Personen	Vorbereitung
5.-8. Klasse	20 min	Einzelspiel ✏	L: Vorlage kopieren

Einstieg

Lebensraum Wald
Die Lebensgemeinschaft im Wald
Stockwerke im Wald

Lösungen

Waagerecht: KUCKUCK, SPECHT, OHRWURM, MAIKAEFER, SPINNE, UHU, AMEISE
Senkrecht: GIMPEL, FALTER, EICHHOERNCHEN, MEISE

Wörter suchen: In einem Baum sind viele Tiere zu Hause

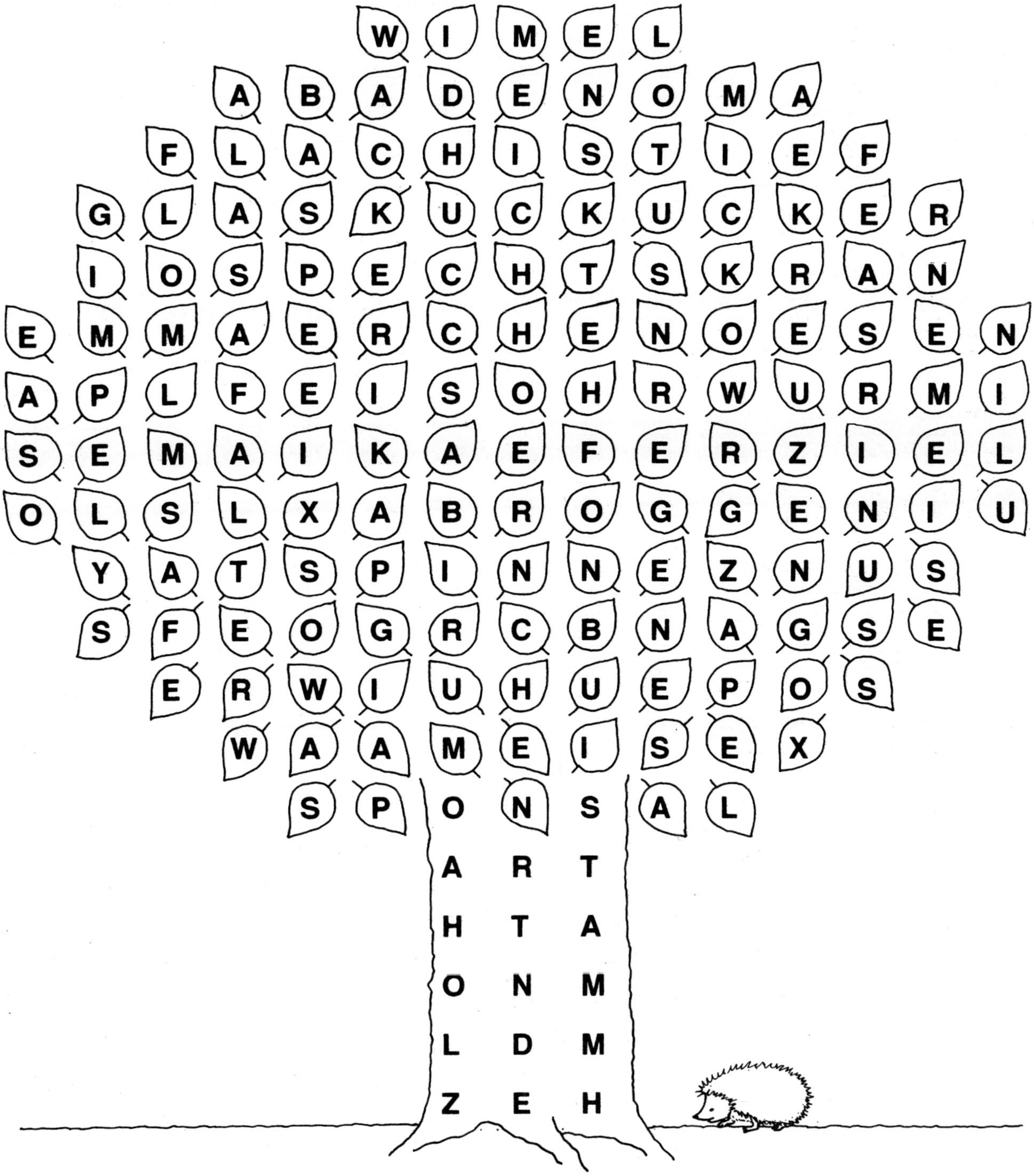

In der Krone dieses Baumes haben sich ein paar Tiere versteckt. In dem Blättergewirr kannst du – kreuz und quer – ihre Namen lesen. Umrande die Wörter oder streiche sie mit einem Marker an. Ein Tipp: Es sind elf Tiere, fünf davon sind Vögel.

Labyrinth: Wie kommen die Pollenkörner zum Stempel?

Klassenstufe	Spieldauer	Personen	Vorbereitung
5./6. Klasse	10 min	Einzelspiel ✏	L: Vorlage kopieren

Einstieg

Aufbau einer Blüte
Blüten müssen bestäubt werden
Insekten helfen bei der Bestäubung
Blütenstaub – vom Winde verweht

INFO!
Die meisten Lebewesen können nur dann Nachkommen haben, wenn eine weibliche Keimzelle von einer männlichen befruchtet worden ist. Das ist bei Pflanzen nicht anders als bei Tieren.
Die Geschlechtsorgane der Pflanzen liegen in den **Blüten**. Die gelben Körnchen, die wir Blütenstaub nennen, sind die männlichen Keimzellen der Pflanzen. Man bezeichnet sie auch als **Pollenkörner**. Sie werden in den Staubbeuteln der Blüten gebildet.
Die weibliche Keimzelle, die **Eizelle**, sitzt im Stempel. Wenn sie von einem Pollenkorn befruchtet worden ist, entwickelt sich der Samen mit dem Keimling.
Die meisten Pflanzen sind an ihrem Standort fest gewachsen. „Pflanzenmännchen“ und „Pflanzenweibchen“ können nicht zueinander laufen, deshalb sind sie darauf angewiesen, dass die Pollenkörner irgendwie zu den Eizellen im Stempel kommen. Diesen „Transport“ übernehmen entweder die Insekten oder der Wind.

Lösungen

Die Biene C kommt zu den Blüten in der Mitte des Baumes.

Diese Blütenpflanzen brauchen z. B. keine leuchtend bunten Blütenblätter, um Insekten anzulocken. Sie werden vom Wind bestäubt: Nadelbäume, Gräser, Hasel, Birke.

So groß können die Blüten werden:

Maiglöckchen	1 cm
Buschwindröschen	3 cm
Glockenblume	5 cm
Seerose	12 cm
Magnolie	25 cm
Victoria regia	30 bis 40 cm
Rafflesia*	100 cm
	(etwa so groß wie ein runder Tisch)

* Rafflesia oder Riesenblume wächst auf den Inseln Java, Borneo und Sumatra.

Labyrinth: Wie kommen die Pollenkörner zum Stempel?

Pflanzen locken mit leuchtend bunten „Fahnen“ und duftendem „Parfum“, damit die Insekten den Weg zu Pollen und Stempel leichter finden. Für die Insekten bedeuten diese Signale, dass es dort etwas zu fressen gibt. Wenn zum Beispiel Bienen tief in die Blüten „eintauchen“, um Nektar zu sammeln, kommen sie an den Staubbeuteln vorbei. Dabei bleiben Pollenkörner in ihrem „Pelz“ hängen. Wenn sie die nächste Blüte besuchen, streifen sie die Pollenkörner dort am Stempel wieder ab.

Welche Biene ist auf dem richtigen Weg zu den Blüten in der Mitte des Baumes?

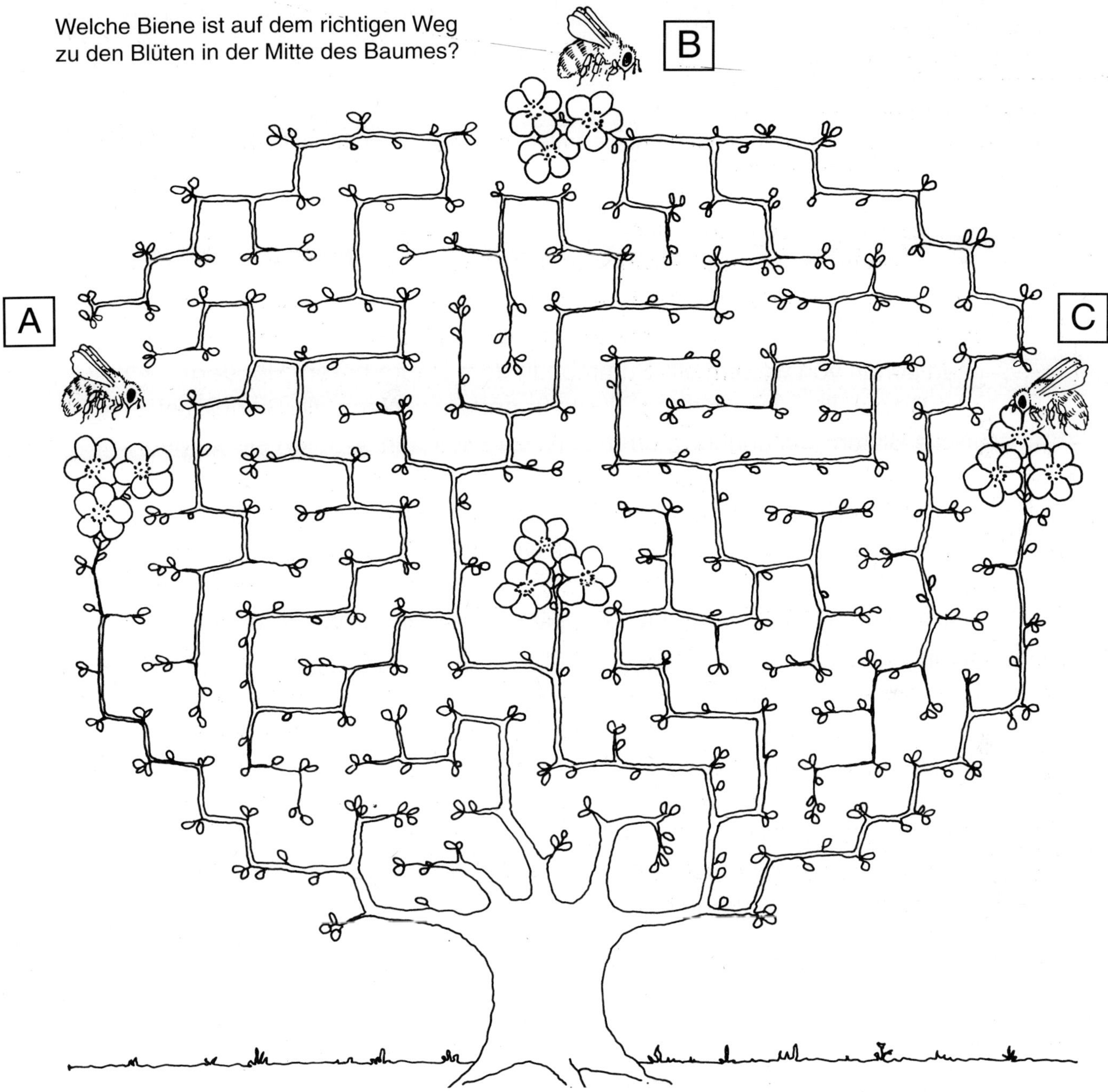

Manche Blüten riechen entweder gar nicht oder sind so klein, dass sie von keinem Insekt besucht werden. Die Pollenkörner dieser Pflanzen werden auch nicht von Insekten transportiert, sondern vom Wind. Die Pflanzen brauchen die „Beutel“ mit Blütenstaub nur in den Wind zu hängen. Wenn zum Beispiel Haselkätzchen vom Wind hin und her geschaukelt werden, wirbeln oft Wolken von gelbem Blütenstaub durch die Luft. Die weiblichen Blüten fangen ihn dann auf.

Nenne ein paar Pflanzen, die durch den Wind bestäubt werden.

In die richtige Reihenfolge bringen: Von der Blüte zur Frucht

Klassenstufe	Spieldauer	Personen	Vorbereitung
5./6. Klasse	5 min	Einzelspiel ✏	L: Vorlage kopieren

Einstieg

Von der Blüte zur Frucht
Bau einer Kirschblüte

Zusatzaufgaben

Text als Lückentext einsetzen, vergrößerte Kopie, unterstrichene Wörter auslassen (mit Korrekturflüssigkeit abdecken oder überkleben).

Aus der Blüte wird eine Frucht

Die meisten Bäume und Sträucher blühen schon im Frühjahr. Besonders schön ist die Blüte bei den Kirschbäumen, wenn die ganze Krone voller weißer Blüten ist. An warmen, windstillen Tagen kann man schon von weitem ein Summen in dem Baum hören: Hunderte von Bienen fliegen von einer Blüte zur anderen. Wenn die Bienen tief in die Blüten „eintauchen“, um Nektar zu sammeln, streifen sie an den Staubbeuteln vorbei. Dabei bleiben Pollenkörner in ihrem „Pelz“ hängen. Wenn sie die nächste Blüte besuchen, streifen sie die Pollenkörner dort an der Narbe des Stempels wieder ab. Sobald die Eizelle von einem dieser Pollenkörner befruchtet worden ist, fängt die Entwicklung der Frucht mit dem Samen an. Bis sie reif ist, vergehen allerdings noch viele Wochen. Die Blütenblätter und die Staubbeutel, der Griffel und die Narbe haben ihre Aufgaben erfüllt. Sie werden welk und fallen ab. Alles Weitere spielt sich im Fruchtknoten ab: In der Samenanlage entsteht aus der befruchteten Eizelle der Samen mit dem Keimling. Die Wand des Fruchtknotens wird zur Fruchthülle, die den Samen umschließt. Es gibt harte Fruchthüllen, die den Samen schützen. Und es gibt weiche, saftige Fruchthüllen: „Fruchtfleisch“, das von vielen Tieren – und Menschen – gerne gegessen wird.

Rätsel
Erst weiß wie Schnee,
dann grün wie Klee,
dann rot wie Blut,
schmeckt Kindern
und Erwachsenen gut.

Lösungen

Das Lösungswort lautet: M A R O N E N.

Z Kirsche

In die richtige Reihenfolge bringen: Aus der Blüte wird eine Frucht

Rosskastanien haben besonders auffallende Blüten. Es dauert etwa fünf Monate, bis daraus Früchte geworden sind.

Nummeriere die Abbildungen in der richtigen Reihenfolge.
Aus den Anfangsbuchstaben der Texte erfährst du, wie die Früchte der Edelkastanie genannt werden.
Ein Tipp: Wir essen sie geröstet und heiß.

Es sind __ __ __ __ __ __ __ .
1 2 3 4 5 6 7

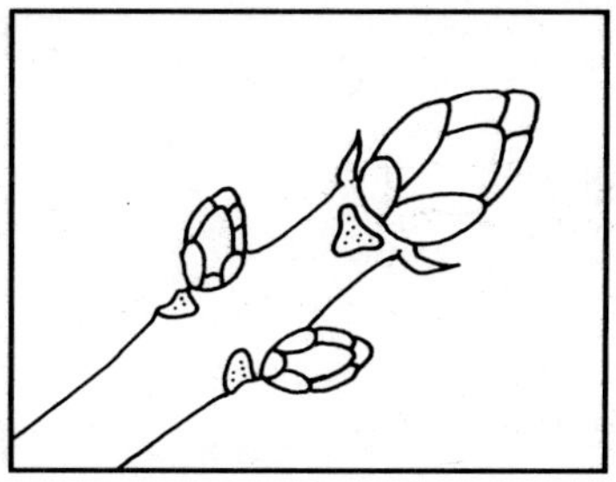

November: Dort, wo im letzten Sommer die Blattstiele am Zweig angewachsen waren, sind „Narben“ übrig geblieben. Gleich darüber sitzen schon die neuen Knospen fürs nächste Jahr.

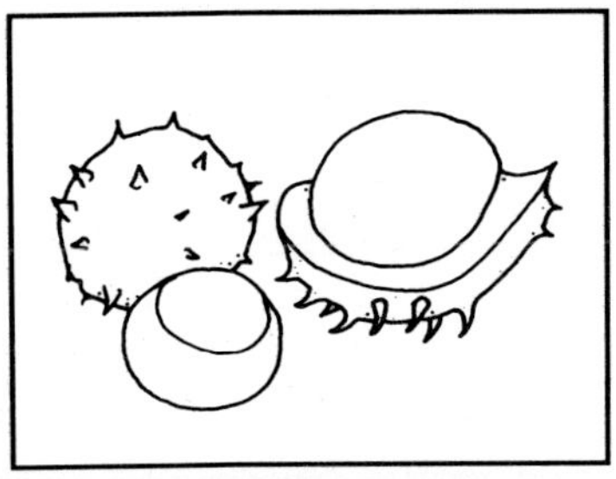

Oktober: Die Kastanien sind reif! Die stacheligen Früchte sehen aus wie kleine grüne Igel. Wenn sie von den Bäumen fallen, platzen die Kapseln auf, und glänzend braune Kugeln kullern heraus. Die Kastanien sind die Samen der Rosskastanie.

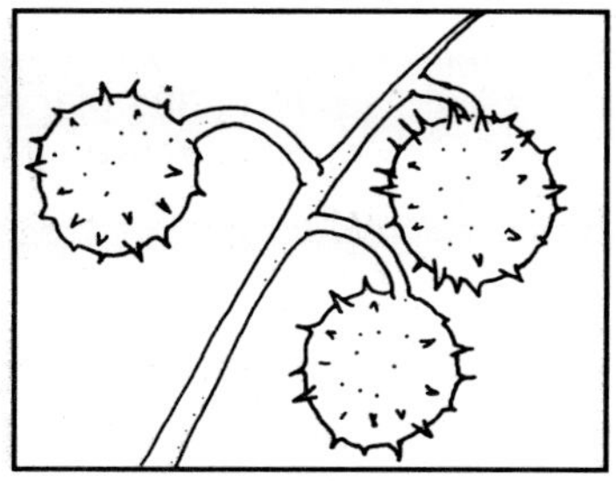

Rosskastanien haben grüne, stachelige Früchte. Wenige Tage, nachdem die Blüten befruchtet worden sind, kann man die kleinen Früchte schon entdecken.

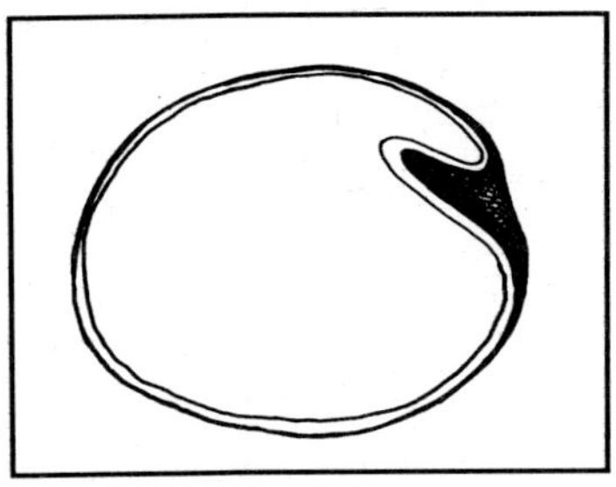

Noch ist der Keimling in der harten, braunen Samenschale versteckt: winzig klein und eng zusammengefaltet. Er hat aber schon Wurzel, Stängel und Knospe – eine neue Pflanze.

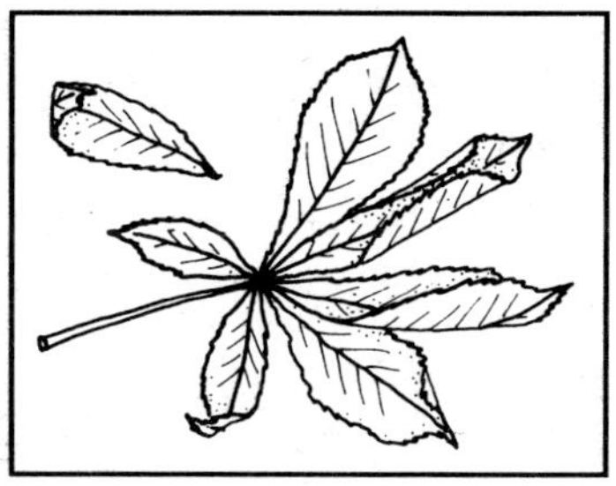

Einige Zeit, nachdem die Kastanien gefallen sind, fallen auch die Blätter ab. Die Äste werden kahl und eine dicke Laubschicht liegt unter dem Baum.

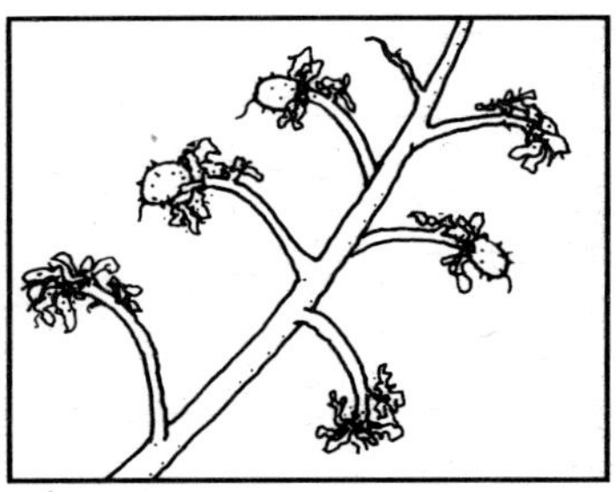

Anfang Juni: Sobald die Blüten von den Bienen bestäubt worden sind, haben die Blütenblätter ihre Aufgabe erfüllt. Sie werden welk und fallen ab.

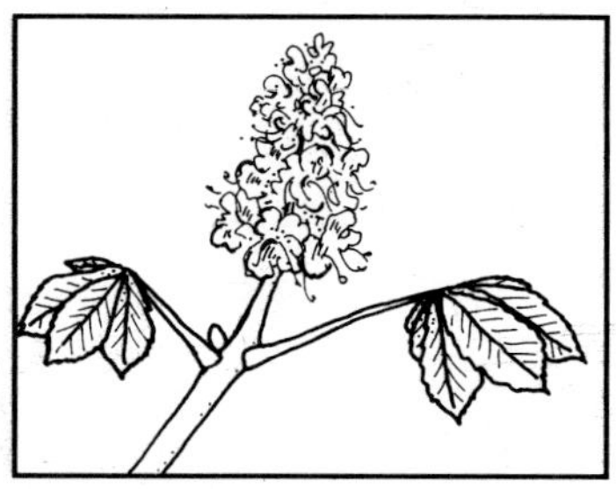

Mai: Die Rosskastanien sitzen voller „Blütenkerzen“. Diese Blütenrispen sind aus 80 bis 90 einzelnen, weißen Blüten zusammengesetzt. Die Blütenblätter locken die Bienen an.

Silbenrätsel: Früchte von Bäumen und Sträuchern

Klassenstufe	Spieldauer	Personen	Vorbereitung
5./6. Klasse	10 min	Einzelspiel ✏	L: Vorlage kopieren

Einstieg

Früchte und Samen

Zusatzaufgaben

Rätsel
Ein Männlein steht im Walde ganz still und stumm,
es hat von lauter Purpur ein Mäntlein um.
Sagt, wer mag das Männlein sein,
das da steht im Wald allein
mit dem purpurroten Mäntelein?

Das Männlein steht im Walde auf einem Bein,
und hat auf seinem Haupte schwarz Käpplein klein.
Sagt, wer mag das Männlein sein,
das da steht im Wald allein
mit dem kleinen, schwarzen Käppelein ?
(*Hoffmann von Fallersleben)*

Lösungen

Das Lösungswort des Silbenrätsels heißt: HASELNUSS.

1 **H**AGEBUTTEN
2 Z**A**PFEN
3 KA**S**TANIEN
4 **E**ICHELN
5 VOGE**L**BEEREN
6 HOLU**N**DERBEEREN
7 B**U**CHECKERN
8 **S**CHLEHEN
9 KIR**S**CHEN

Z Das „Männlein“ in dem Rätsel ist eine Hagebutte .

Silbenrätsel: Früchte von Bäumen und Sträuchern

Die Früchte von einem Apfelbaum werden Äpfel genannt und Pflaumen sind die Früchte von einem Pflaumenbaum. Weißt du, wie die Früchte von den unten genannten Bäumen und Sträuchern bezeichnet werden?

Die Namen der verschiedenen Früchte kannst du aus den folgenden Silben zusammensetzen:

BEE - BEEREN – BUCH – BUTTEN – CHELN – DER – ECKERN – EI – FEN – HAGE – HEN – HOLUN – KASTA – KIR – NIEN – REN – SCHEN – SCHLE – VOGEL – ZAP

Wenn du die Wörter in die passenden Kästchen eingesetzt hast, ergeben die gekennzeichneten Buchstaben den Namen einer Frucht. Ihr Samen ist von einer harten, holzähnlichen Schale umgeben.

1 Heckenrose

☐ ☐ ☐ ☐ ☐ ☐ ☐ ☐ ☐ ☐
▲

2 Nadelbäume

☐ ☐ ☐ ☐ ☐ ☐
   ▲

3 Rosskastanie

☐ ☐ ☐ ☐ ☐ ☐ ☐ ☐ ☐
      ▲

4 Stieleiche

☐ ☐ ☐ ☐ ☐ ☐ ☐
▲

5 Eberesche

☐ ☐ ☐ ☐ ☐ ☐ ☐ ☐ ☐ ☐ ☐
            ▲

6 Schwarzer Holunder

☐ ☐ ☐ ☐ ☐ ☐ ☐ ☐ ☐ ☐ ☐ ☐ ☐ ☐
            ▲

7 Rotbuche

☐ ☐ ☐ ☐ ☐ ☐ ☐ ☐ ☐ ☐
   ▲

8 Schwarzdorn

☐ ☐ ☐ ☐ ☐ ☐ ☐ ☐
▲

9 Kirschbaum

☐ ☐ ☐ ☐ ☐ ☐ ☐ ☐
         ▲

Die Frucht heißt __ __ __ __ __ __ __ __ __ .
1 2 3 4 5 6 7 8 9

Zuordnen: Blätter und Früchte

Klassenstufe	Spieldauer	Personen	Vorbereitung
5.- 8. Klasse	5 min	Einzelspiel ✏	L: Vorlage kopieren

Einstieg

Bäume und Sträucher
Früchte und Samen

Lösungen

Das Lösungswort heißt: KEIMLING.

1 Hagebutte	K
2 Schlehe	E
3 Haselnuss	I
4 Kastanie	M
5 Buchecker	L
6 Flügelfrucht	I
7 Eichel	N
8 Zapfen	G

Zusatzinformationen

Frucht: Blüte im Zustand der Samenreife, Kronblätter und Staubblätter werden abgeworfen,
Fruchthülle: entsteht aus Fruchtblättern (Fruchtknotengewebe),
Blütenboden: manchmal an Fruchtbildung beteiligt.

Einzelfrüchte:

Öffnungsfrüchte:

- Balg: aus einem Fruchtblatt
- Hülse: aus einem Fruchtblatt
- Schote: aus zwei Fruchtblättern mit falscher Scheidewand
- Kapsel: aus zwei oder mehreren Fruchtblättern (Rosskastanie)

Schließfrüchte:

- Beere: Fruchthülle fleischig und saftig (Stachelbeere, Johannisbeere, Heidelbeere, Preiselbeere, Weintraube, Gurke), mehrere Samen
- Nuss: Fruchthülle hartes, dickwandiges Gehäuse (Haselnuss, Buchecker, Eichel, Esskastanie) meist nur ein Same
- Spaltfrüchte: Fruchtblätter weichen bei Reife auseinander, einsamige Nüsschen (Ahorn)
- Steinfrüchte: aus Fruchthülle wird innerer Steinkern und äußerer Teil
  äußerer Teil: saftig-fleischig (Pflaume, Schlehe, Kirsche, Aprikose, Pfirsich, Holunder, Stechpalme)
  ledrig-faserig (Walnuss, Mandel)

Sammelfrüchte (Scheinfrüchte):
Aussehen einer Einzelfrucht, aber jeder einzelne Fruchtknoten bildet Früchtchen für sich.

Sammelnussfrüchte: Teilfrüchte werden bei der Reife zu Nüsschen,
Blütenboden: entwickelt sich zu fleischigem Gebilde, dem die Nüsschen aufsitzen (Erdbeere) bildet sich zu krugförmigem Gebilde, das Nüsschen umschließt (Hagebutte)

Sammelsteinfrüchte: Teilfrüchte entwickeln sich bei Reife zu Steinfrüchten,
Blütenboden: bildet sich kegelförmig aus, Steinfrüchtchen sitzen darauf, lösen sich allesamt ab (Brombeere, Hinbeere)

Apfelfrucht: Blütenboden und Fruchtblätter verwachsen miteinander,
Kernapfel: Fruchtblätter werden bei Reife pergamentartig (Apfel, Birne, Quitte)
Steinapfel: Fruchtblätter werden nussartig (Mispel, Weißdorn)

Zapfen: Die Samen der **Nadelbäume** haben kein Fruchtfleisch wie zum Beispiel ein Pfirsich oder ein Apfel. Sie sind „nackt“ und stecken zwischen den Schuppen des Zapfens. Man bezeichnet die Nadelbäume deshalb als **Nacktsamer**.

Zuordnen: Blätter und Früchte

Kennst du die Früchte unserer heimischen Bäume und Sträucher? Hier sind verschiedene Blätter und Früchte abgebildet. Weißt du, welche zusammengehören?

Ordne die Buchstaben an den Zeichungen den passenden Beschreibungen zu. Das Lösungswort verrät dir dann, was in den Samen aller Früchte steckt.

Es ist der __ __ __ __ __ __ __ __ .
1 2 3 4 5 6 7 8

☐ 1
Heckenrose
Die roten Früchte werden im Herbst und Winter gern von Vögeln gefressen.

☐ 2
Schwarzdorn
Die Früchte werden im Herbst blau, sind aber noch sehr sauer. Nach dem ersten Frost werden sie genießbar.

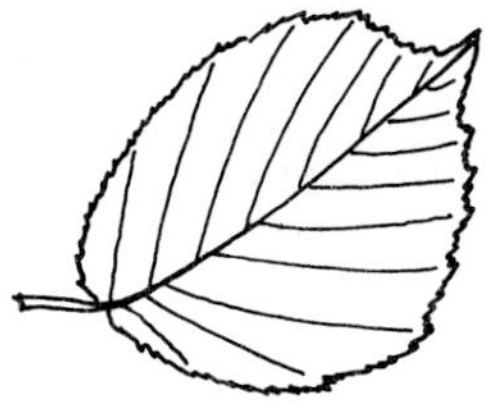

☐ **3 Hasel**
Die Samen sind von einer harten, holzähnlichen Schale umgeben.

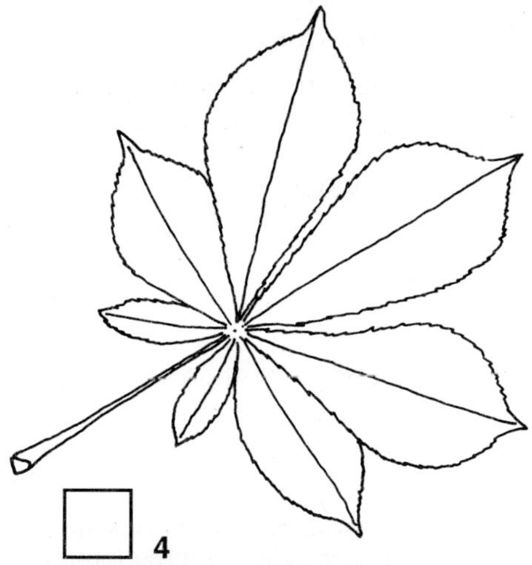

☐ 4
Rosskastanie
Die glänzend braunen Samen stecken in grünen, stacheligen Kapseln.

☐ **5 Rotbuche**
In einem harten, stacheligen Fruchtbecher sitzen zwei braune, dreikantige Nüsse.

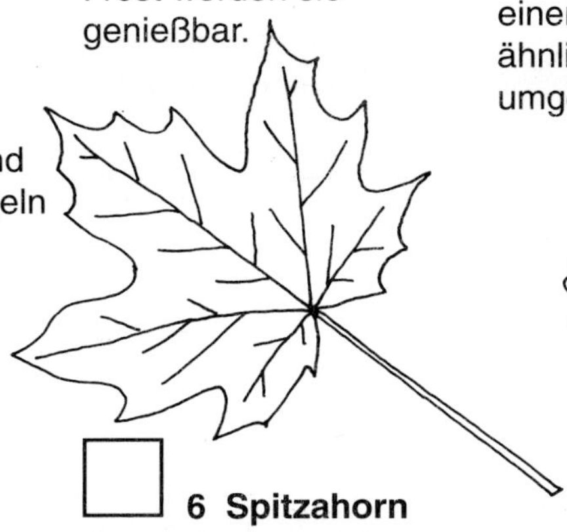

☐ **6 Spitzahorn**
Am Ende der geflügelten Früchte sitzen die Samen in einer klebrigen Tasche. Wenn du sie aufklappst, kannst du dir daraus ein „Nashorn“ machen.

☐ **7 Stieleiche**
Die braunen Früchte stecken in einem Fruchtbecher, der wie eine kleine Pfeife aussieht.

☐ **8 Fichte**
Die länglichen, braunen Zapfen hängen von den Ästen herab. Unter den Zapfenschuppen sitzen die Samen.

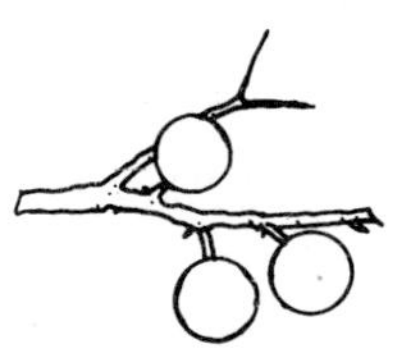

Schlehe **E**

Eichel **N**

Haselnuss **I**

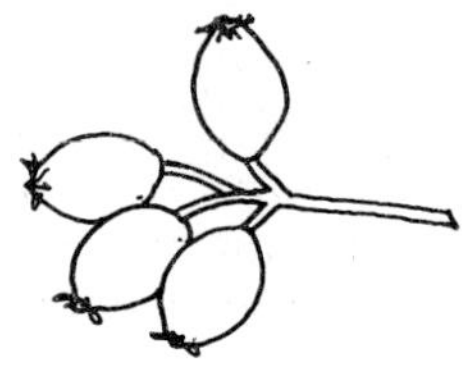

Hagebutte **K**

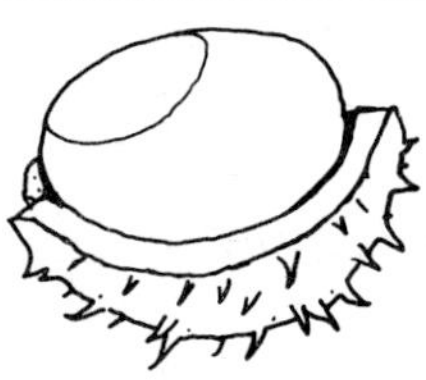

Rosskastanie **M**

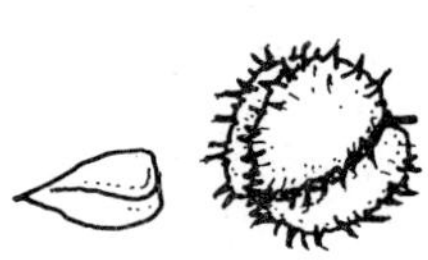

Buchecker **L**

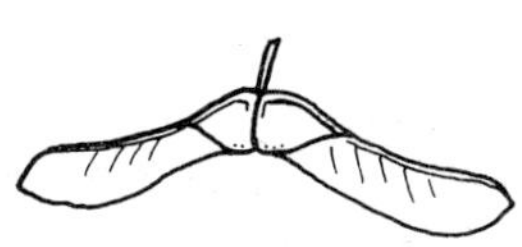

Flügelfrucht **I**

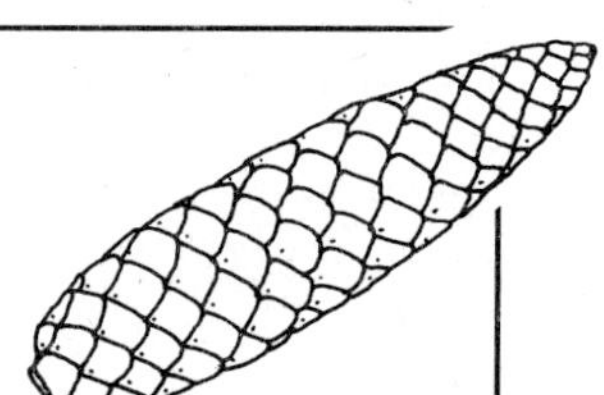

Zapfen **G**

Zuordnen: Samen gehen auf die Reise

Klassenstufe	Spieldauer	Personen	Vorbereitung
5./6. Klasse	5 min	Einzelspiel ✏	L: Vorlage kopieren

Einstieg

Verbreitung von Früchten und Samen

INFO!
Früchte enthalten Samen. Diese dienen nicht allein dazu, dass ein neuer Baum wächst und auf diese Weise die Pflanzenart nicht ausstirbt. Die Samen sind auch dazu da, dass die Art vermehrt und verbreitet wird. Deshalb bilden Pflanzen meistens nicht nur einen Samen, sondern große Mengen.
Vermehren heißt, dass die Pflanzen möglichst viel „Nachwuchs“ haben. Wenn aber nun Hunderte oder Tausende von „Pflanzenkindern“ rund um die „Eltern“ herum wachsen würden, hätten sie nicht genug Platz, nicht genug Licht und nicht genug Wasser, um leben zu können. Sie müssen sich an einem anderen „Wohnort“ niederlassen – möglichst weit von den Eltern entfernt.
Verbreiten heißt, dass die neuen Pflanzen an möglichst vielen, verschiedenen Stellen wachsen.
Natürlich können die Pflanzen nicht mehr umziehen, wenn sie erst einmal Wurzeln geschlagen haben. Deshalb müssen die Samen auf die Reise gehen. Dazu nutzen sie alle möglichen „Verkehrsmittel“.

Lösungen

A Floßfahrten: Erle, Seerose (= Schwimmsamen)
B Reiten oder
C Mitfahrzentrale: Labkraut, Klette (= Klettfrüchte)
D Gehen Sie doch mal in die Luft!: Ahorn, Linde, Fichte, Tanne, Kiefer (= Schraubenflieger), Löwenzahn (= Schirmflieger)
E Vogel-Tours: Holunder, Eberesche, Eibe (= Lockfrüchte)
F Warnung: Eiche, Buche, Hasel (= Trockenfrüchte)

Zuordnen: Samen gehen auf die Reise

Pflanzen sind mit ihren Wurzeln im Erdboden verankert. Sie „sitzen“ fest, aber ihre Samen können reisen: in der Luft, zu Wasser und zu Lande. Wenn wir Menschen verreisen wollen, gehen wir in ein Reisebüro und lassen uns informieren, welche Angebote es gibt. Oliver und Elsa haben sich Pflanzensamen ausgesucht, die besonders weite „Reisen“ unternehmen. Dann haben sie sich ausgedacht, wie die Reiseplakate für diese Samen aussehen könnten.

Welche Angebote passen zu welchen Pflanzen?

So sehen die Reiseplakate aus:

FLOSS-FAHRTEN:
Lassen Sie sich mit der Strömung talwärts treiben!
A

Gehen Sie doch mal in die Luft!
Fallschirm
Gleitschirm
Segelfliegen
Drachenfliegen
D

Mitfahrzentrale
Preiswert Reisen – täglich neue Angebote
C

REITEN!
Auf dem Rücken der Tiere von einem Ort zum anderen
B

VOGEL-TOURS
Günstige Flugreisen!
Transportmaschinen, keine Fensterplätze
Abflüge täglich!
E

Warnung!!
Immer wieder werden Reisende verschleppt und in unterirdischen Verstecken gefangen gehalten.
Vorsicht!!
F

Die Früchte von **Labkraut** und **Klette** lassen sich tragen. Sie krallen sich mit kleinen Haken im Fell von Tieren oder auch einmal im Stoff von Hosenbeinen fest und werden irgendwo abgestreift. ☐

Wenn die Früchte von **Eiche**, **Buche** und **Hasel** reif sind, fallen sie auf den Boden und werden von Eichhörnchen verschleppt. Sie graben sie irgendwo in der Erde ein. Wenn sie die Verstecke nicht wieder finden, keimen im Frühjahr dort neue Pflanzen. ☐

Die Früchte von **Eberesche**, **Eibe** und **Holunder** werden von Vögeln gefressen. Der Samen, der darin steckt, wird nicht verdaut, sondern am nächsten Tag wieder ausgeschieden – meistens an einem anderen Ort. ☐

Die Samen von **Fichte**, **Tanne** und **Kiefer** sitzen in den Zapfen. Bei trockenem Wetter klappen die Schuppen der Zapfen auf und die Samen fallen heraus. Sie haben kleine „Flügel“, mit denen sie durch die Luft segeln. ☐

Die Samen von **Löwenzahn** hängen an kleinen „Fallschirmen“ aus feinen, silbrigen Haaren. Wenn sie vom Wind weggepustet werden, können sie damit weit durch die Luft getragen werden. ☐

Die Früchte von **Linde** und **Ahorn** schrauben sich mit „Propellern“ durch die Luft. Dadurch fallen sie langsamer und können auf diese Weise weite Strecken zurücklegen. ☐

Die Samen der meisten Wasser- und Uferpflanzen reisen „mit dem Schiff“. Die Samen von **Seerose** und **Erle** haben eingebaute Luftkammern. Wenn sie in einen Bach fallen, werden sie von der Strömung mitgenommen, bis sie irgendwo an Land gespült werden. ☐

Puzzle: Aus dem Samen keimt eine neue Pflanze

Klassenstufe	Spieldauer	Personen	Vorbereitung
5./6. Klasse	30 min	Einzelspiel ✂ Hausaufgabe	L: Vorlage kopieren Scheren und Klebstoff bereitstellen

Einstieg

Keimung und Wachstum
Aus Samen entwickeln sich Pflanzen

INFO!
In jedem **Samen**, wie zum Beispiel in Bohnen, Kressesamen oder Kastanien, ist schon eine neue Pflanze vorbereitet – mit winzig kleiner Wurzel und einem Stängel mit Knospe: der **Keimling**.
Alle Pflanzen brauchen zum Leben Wasser. Im Samen ist davon aber sehr wenig enthalten. Das macht ihn „leblos“. Solange der Samen im „Trockenen“ ist, zum Beispiel in einer Samentüte, kann der Keimling nicht wachsen. Sobald er aber in feuchte Erde kommt, „saugt“ der Samen Wasser auf: Er quillt.
Dann fangen die Zellen an, sich zu teilen, und der Keimling fängt an zu wachsen.
Aus einer Bohne oder einer Kastanie entwickelt sich eine vollständige **Pflanze**.

Lösungen

Hier keimt eine BOHNE.

So viele Samen werden in einem Jahr gebildet:	
Kokospalme	70
Rote Taubnessel	200
Vergissmeinnicht	700
Kornblume	1 600
Stiefmütterchen	2 500
Löwenzahn	5 000
Klatschmohn	20 000
Hirtentäschel	64 000
Schwarzpappel	28 000 000

So lange dauert das Keimen:	
Sonnenblume	3 bis 7 Tage
Erbse	5 bis 8 Tage
Hafer	5 bis 10 Tage
Linse	7 bis 12 Tage
Kapuzinerkresse	14 Tage
Petersilie	11 bis 28 Tage

Puzzle: Aus dem Samen keimt eine neue Pflanze

Lisa legt ein Puzzle. Wenn es fertig ist, zeigt das Bild die Entwicklung eines Keimlings. Ein paar Teile müssen noch eingefügt werden. Kannst du ihr helfen?

Schneide die Teile aus und klebe sie an die passende Stelle. Wenn das Bild fertig ist, kannst du erkennen, welche Pflanze hier keimt.

Es ist eine __ __ __ __ __ .

Wörter zusammensetzen: Merkwürdige Blumen

Klassenstufe	Spieldauer	Mitspieler	Vorbereitung
5.- 8. Klasse	10 min	Einzelspiel ✏	L: Vorlage kopieren

Einstieg

Blütenpflanzen

Lösungen

Das Lösungswort heißt: STIEFMUETTERCHEN.

1 O**ST**ER-GLOCKE
2 H**I**RT**E**N-TÄSCHEL
3 **F**INGER-HUT
4 LÖWEN-**MÄU**LCH**E**N
5 RI**TT**ER-SPORN
6 KÖNIGS-K**ER**ZE
7 GÄNSE-BLÜM**CH**EN
8 HAHN**EN**-FUSS

Wörter zusammensetzen: Merkwürdige Blumen

Frau König hat in ihrem Garten neun verschiedene Garten- und Wiesenblumen gesät. Damit sie später erkennen kann, wo welche Sorte wächst, hat sie am Ende jeder Reihe das leere Samentütchen mit einem Stöckchen in die Erde gesteckt. Aber Hannes und Frederik, ihre beiden Söhne, haben ihr einen Streich gespielt. Sie haben die Tütchen heimlich durchgeschnitten und die falschen Teile wieder zusammengeklebt. Hier siehst du, was dabei herausgekommen ist:

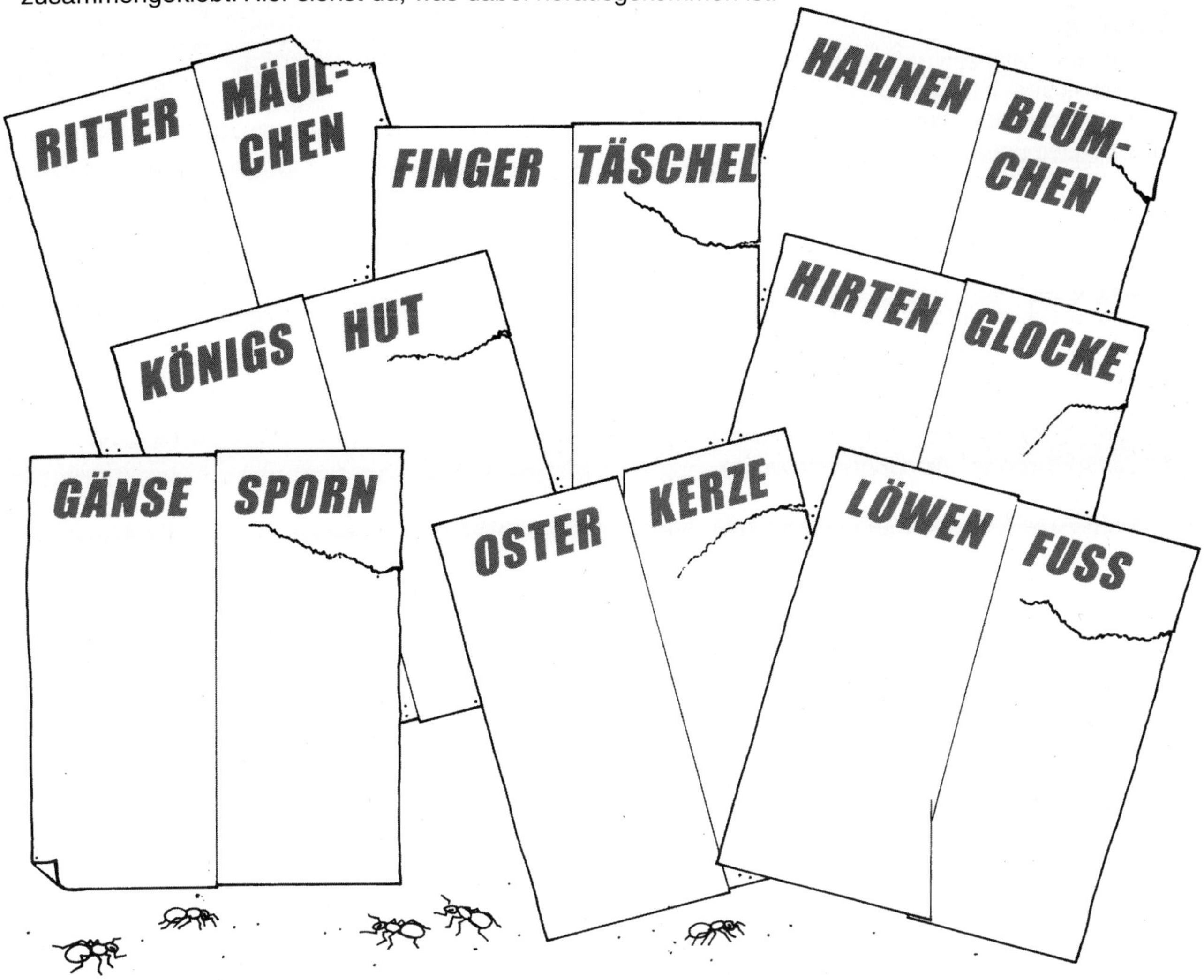

Welche Teile gehören zusammen?

Ergänze den passenden zweiten Teil des Blumennamens.

1 OSTER - _ _ _ _ _ _

2 HIRTEN - _ _ _ _ _ _ _

3 FINGER - _ _ _

4 LÖWEN - _ _ _ _ _ _ _ _

5 RITTER - _ _ _ _ _

6 KÖNIGS - _ _ _ _ _

7 GÄNSE - _ _ _ _ _ _ _ _

8 HAHNEN - _ _ _ _

Das neunte Samentütchen ist verloren gegangen. Die gekennzeichneten Buchstaben – von links nach rechts fortlaufend gelesen – verraten dir, welche Blumen Frau König noch gesät hat.

Es sind _ _ _ _ _ _ _ _ _ _ _ _ _ _ _ _ .

Auswählen: Menschen und Tiere ernähren sich von Pflanzen

Klassenstufe	Spieldauer	Mitspieler	Vorbereitung
5./6. Klasse	20 min	Einzelspiel ✏	L: Vorlage kopieren

Einstieg

Wir pflegen Pflanzen und nutzen sie
Der Mensch nutzt Pflanzen
Einheimische Nutzpflanzen
Unsere Gemüsesorten

INFO!
Pflanzen, die den Winter überdauern, müssen also schon im Sommer Vorräte anlegen. Die Bäume speichern die Nährstoffe im Stamm und in den Wurzeln. Andere Pflanzen können verschiedene Teile ihres Pflanzenkörpers mit Nährstoffen vollstopfen. Man nennt diese Pflanzenteile **Speicherorgane** oder Überwinterungsorgane.
Wenn die Nährstoffe in Sprossteilen gespeichert sind, nennt man diese Sprossknollen. Über der Erde gibt es das zum Beispiel bei Sellerie und Kohlrabi. Kartoffeln sind unterirdische Sprossknollen. Die Speicherorgane können nämlich auch in der Erde stecken. Bei den Zwiebeln sind zum Beispiel unterirdische Blätter zu den dicken, fleischigen Zwiebelschalen umgebildet. Sie sind prall gefüllt mit Nährstoffen für die neue Pflanze.
Auch die Wurzeln können mit Nährstoffen vollgepackt sein und sind dann entsprechend dick: Zuckerrüben, Mohrrüben und Rettiche.

Lösungen

Wurzelgemüse: Mohrrübe, Radieschen, Rettich, Sellerie
Sprossgemüse: Kartoffeln, Kohlrabi, Rosenkohl, Spargel
Blattgemüse: Kopfsalat, Lauch, Spinat, Weißkohl
Fruchtgemüse: Bohne, Erbse, Gurke, Tomate

Die Körbe 1 und 5 enthalten Bananen, Apfelsinen, Weintrauben, Gurken und Tomaten.
Mohrrüben und Radieschen sind Wurzelgemüse.

Auswählen: Menschen und Tiere ernähren sich von Pflanzen

Für viele Tiere sind die Pflanzensamen ein Leckerbissen und besonders nahrhaft dazu . Sie sind vollgestopft mit Nährstoffen: eigentlich ein Vorrat an „Lebensmitteln" für den Keimling, der im Frühjahr aus dem Samen wächst. Von diesem Vorrat ernähren sich nicht nur Tiere, auch viele Menschen haben etwas davon auf ihrem Frühstücksteller: Müsli.

Wir ernähren uns aber nicht nur von Samen und Früchten, wir essen auch andere Pflanzenteile: z. B. Blätter, Sprossknollen und Wurzeln.

An einem Marktstand werden folgende Gemüsesorten angeboten:

Bohnen – Erbsen – Gurken – Kartoffeln – Kohlrabi – Kopfsalat –
Lauch – Mohrrüben – Radieschen – Rettich – Rosenkohl –
Sellerie – Spargel – Spinat – Tomaten – Weißkohl

In der Tabelle sind die Bezeichnungen der verschiedenen Pflanzenteile angegeben. Schreibe die passenden Gemüsesorten dazu. Ein Tipp: In jede Reihe gehören vier Namen.

Wurzeln	Spross	Blätter	Früchte

Sechs Leute haben auf dem Wochenmarkt Obst und Gemüse eingekauft. Auf dieser Seite siehst du ihre Einkaufskörbe. Zwei Körbe enthalten genau die gleichen Früchte. Findest du die beiden Körbe?

Korb ___ und Korb ___ .

Zwei Gemüsesorten in den verschiedenen Körben sind keine Früchte. Weißt du, welche das sind?

______________________________ ______________________________

Auswählen: Früchte aus südlichen Ländern

Klassenstufe	Spieldauer	Personen	Vorbereitung
7./8. Klasse	5 min	Einzelspiel ✏	L: Vorlage kopieren

Einstieg

Ernährung des Menschen
Vitamine sind lebensnotwendig

Lösungen

Das Lösungswort heißt: VITAMINE.

1 OLI**V**E
2 K**I**WI
3 DA**T**TEL
4 AN**A**NAS
5 **M**ARACUJA
6 Z**I**TRONE
7 BA**N**ANE
8 APF**E**LSINE

Auswählen: Früchte aus südlichen Ländern

Einige der Früchte, die wir bei uns kaufen können, wachsen in wärmeren Ländern und werden mit dem Schiff oder dem Flugzeug zu uns gebracht. In jeder Reihe ist eine „zugereiste“ Frucht versteckt.

1 APRIKOSE – OLIVE – WALNUSS – STACHELBEERE
2 BIRNE – SAUERKIRSCHE – KIWI – ESSKASTANIE
3 MANDEL – DATTEL – MIRABELLE – HIMBEERE
4 ANANAS – ERDBEERE – PFIRSICH – QUITTE
5 WEINTRAUBE – MARACUJA – JOHANNISBEERE
6 SUESSKIRSCHE – PREISELBEERE – ZITRONE
7 ZWETSCHGE – BANANE – APFEL – HEIDELBEERE
8 APFELSINE – BROMBEERE – HASELNUSS – PFLAUME

Hast du sie entdeckt? Trage ihre Namen in die Kästchen ein.

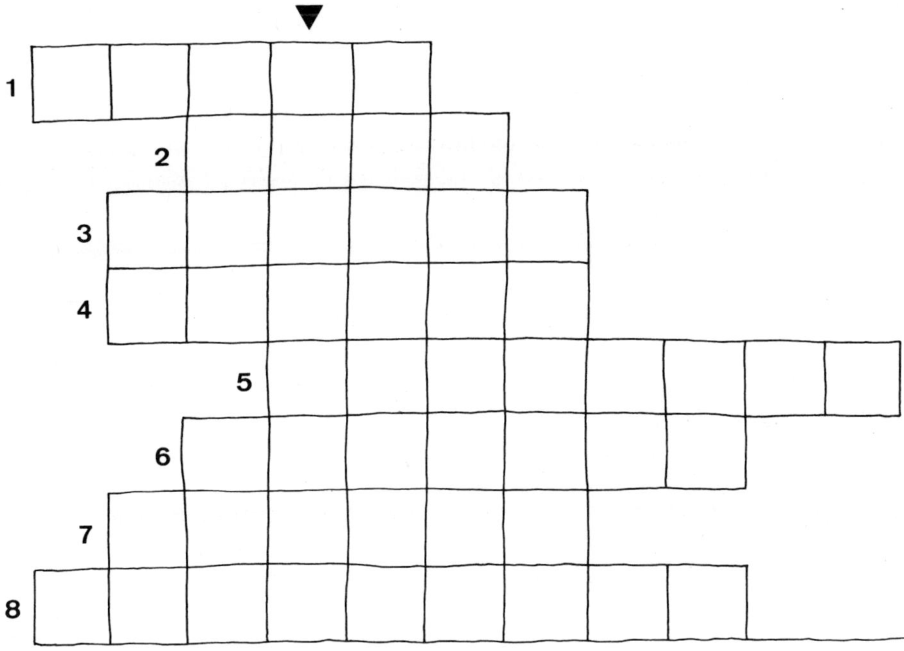

Die gekennzeichneten Buchstaben verraten dir, warum Früchte so gesund sind.

Die Früchte enthalten _ _ _ _ _ _ _ _ .
1 2 3 4 5 6 7 8

Wörter zusammensetzen: Spaziergang durch einen Kräutergarten

Klassenstufe	Spieldauer	Personen	Vorbereitung
5./6. Klasse	20 min	Einzelspiel ✏	L: Vorlage kopieren

Einstieg

Heilpflanzen / Giftpflanzen
Kräutergärten als lebende Hausapotheken
Gewürze und Heilpflanzen
Einheimische Nutzpflanzen

Zusatzaufgaben

A Tabellen aufstellen (Name, verwendeter Teil der Pflanze, Anwendung):
Küchenkräuter (z. B. Basilikum, Petersilie etc.)
Gewürze (z. B. Anis, Pfeffer etc.)
Tees (z. B. Pfefferminze, Kamille, Malve)
Heilpflanzen (z. B. Wurmfarn, Hauswurz, Wundklee etc.)
Giftpflanzen (z. B. Roter Fingerhut, Efeu)

B Welche Teile der Pflanze werden als Heilkräuter oder Gewürze verwendet?

Lösungen

Die Volksweisheit lautet: Es kommt auf die Dosis an.

1 Br**e**nnnessel (Blätter als Tee gegen Nieren und Blasenerkrankungen)
2 **S**pitzwegerich (Blätter als Tee bei Erkältungskrankheiten)
3 **K**ümmel (Früchte als Gewürz; als Tee gegen Verdauungsstörungen und Appetitlosigkeit)
4 Kn**o**blauch (Zwiebel als Gewürz; bei Darmstörungen, gegen zu hohen Blutdruck und gegen Arteriosklerose)
5 **M**aiglöckchen *Giftig!* (Arzneimittel bei Herzleiden)
6 **M**elisse (Blätter als Tee bei Kopfschmerzen, nervösen Magen, Darm- und Herzbeschwerden)
7 Garten-**T**hymian (Blätter als Gewürz zu Fleisch; als Tee bei Husten)
8 **A**rnika *Geschützt!* (Blüten äußerlich: entzündungshemmendes Mittel, innerlich: Herz und Kreislauf stärkendes Mittel und bei Venenerkrankungen)
9 A**u**gentrost (blühendes Kraut als Sud gegen Augenentzündungen)
10 **F**enchel (Früchte als Tee bei Husten und Verdauungsstörungen)
Vorsicht: Nicht sammeln! Verwechslungsgefahr mit giftigen Doldengewächsen.
11 Lin**d**e (Blüten als Tee bei fiebrigen Erkrankungen)
12 Huflatt**i**ch (Blätter und Blüten als Hustentee)
13 Pf**e**fferminze (Blätter als Tee bei Erkrankungen im Magen- und Darmbereich)
14 **D**ill (Blätter und Früchte als Gewürz für Salate und Gurken, Früchte als Tee gegen Verdauungsstörungen und Appetitlosigkeit)
15 B**o**rretsch (Blätter als Gewürz zu Salaten; in Homöopathie bei Depressionen, nervöser Herzschwäche)
16 Ro**s**marin (Blätter als Gewürz zu Fleisch und Pilzen; als Badezusatz und zum Einreiben bei Rheuma und Durchblutungsstörungen)
17 B**i**bernelle (Wurzel als Tee bei Bronchitis und Asthma)
18 Echter **S**albei (Blätter als Gewürz zu Suppen, Gemüse, Braten, Fisch; als Sud zum Gurgeln bei Entzündungen im Rachenraum)
19 Echte K**a**mille (Blüten als Tee bei Entzündungen im Magen- und Darmbereich und als Sud zum Inhalieren und für Umschläge bei Entzündungen der Haut und Schleimhäute)
20 Baldria**n** (wässrige Auszüge der Wurzel als Beruhigungsmittel)

Z A Informationen aus Büchern über Heilpflanzen und Gewürze.
Z B Wurzeln, Rinde, Blätter, Blüten, Früchte, Samen.

Wörter zusammensetzen: Spaziergang durch einen Kräutergarten

Früher gehörte zu vielen Klöstern ein Kräutergarten mit Heilkräutern und Gewürzen. Klosterfrauen oder Mönche kannten sich meist gut aus, wie Blätter, Blüten oder Wurzeln der verschiedenen Pflanzen verwendet werden können. Manche Pflanzen dienen, in geringer Menge angewendet, als wirksame Heilmittel, in hoher Dosis eingenommen, können sie aber tödlich giftig sein.

Wenn du einen Spaziergang durch den Kräutergarten machst, erfährst du aus den unterstrichenen Buchstaben in den Pflanzennamen – in der richtigen Reihenfolge gelesen (Groß- und Kleinbuchstaben spielen dabei keine Rolle) – eine alte Volksweisheit.

Dazu musst du deinen Weg so wählen, dass du an jeder Pflanze nur ein einziges Mal vorbeikommst und deinen Weg nicht kreuzt.

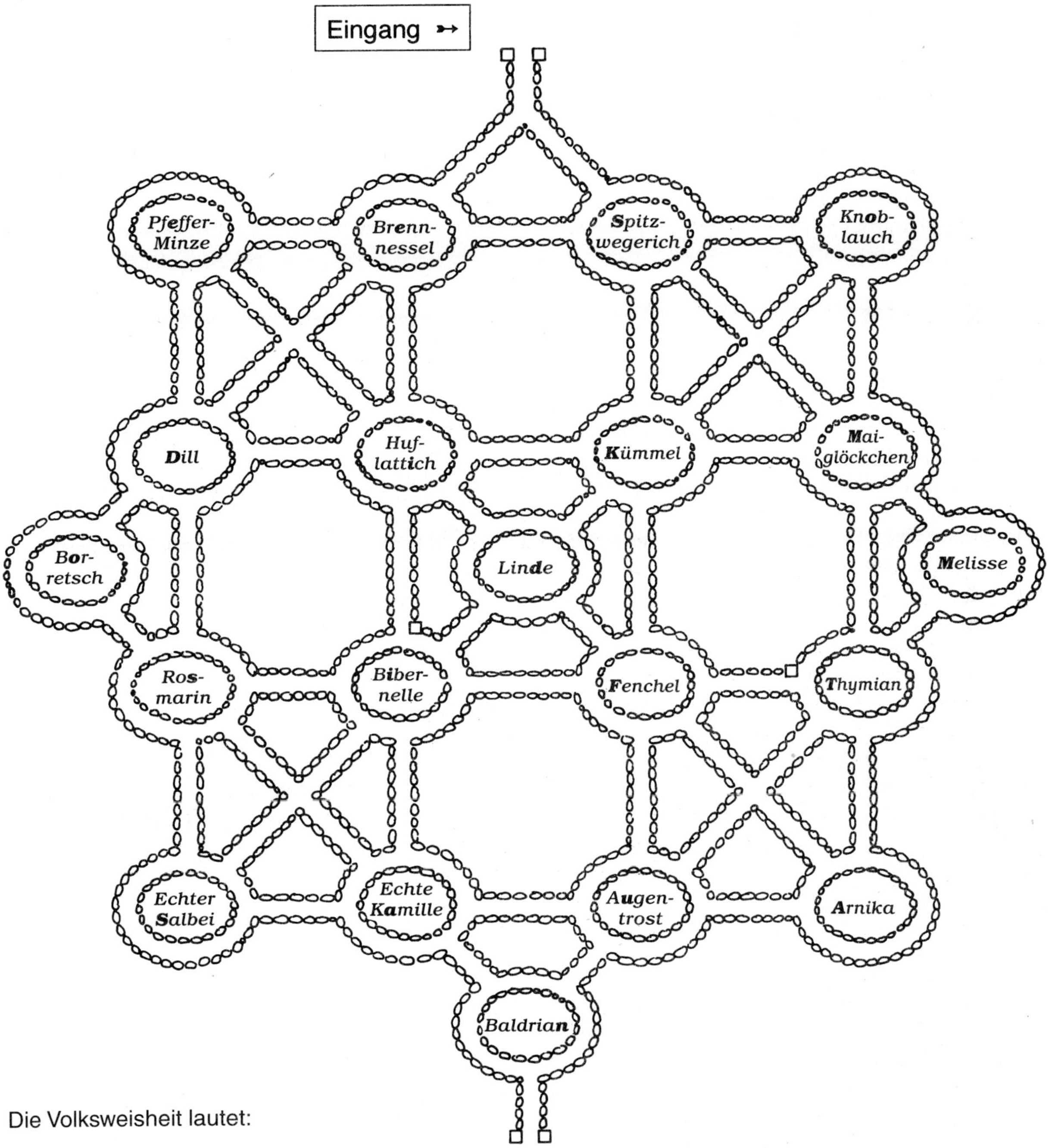

Die Volksweisheit lautet:

_ _ _ _ _ _ _ _ _ _ _ _ _ _ _ _ _ _ _ _ .
1 2 3 4 5 6 7 8 9 10 11 12 13 14 15 16 17 18 19 20

Buchstaben ordnen: Vorsicht: Giftig!

Klassenstufe	Spieldauer	Mitspieler	Vorbereitung
5./6. Klasse	15 min	Einzelspiel ✏	L: Vorlage kopieren S: Farbstifte

Einstieg
Giftpflanzen

Lösungen
Das Lösungswort heißt: LEBENSBAUM.

1 SEIDE**L**BAST
2 TOLLKIRSCH**E**
3 VOGEL**B**EERE
4 ROTE H**E**CKENKIRSCHE
5 PFAFFE**N**HÜTCHEN
6 **S**CHNEEBEERE
7 EIN**B**EERE
8 ROSSK**A**STANIE
9 EFE**U**
10 STECHPAL**M**E

Zusatzinformationen

Die Giftstoffe stecken nicht immer nur in den Früchten. Bei einigen Pflanzen sind nur die Blätter oder die Wurzeln besonders giftig.

Bei diesen Pflanzen steckt das **Gift in allen Teilen der Pflanze:**
Blauer Eisenhut
Buchsbaum
Efeu
Eibe (nur der rote Samenmantel nicht!)
Gefleckter Aronstab
Glyzine
Goldregen
Herbstzeitlose
Maiglöckchen
Mistel
Oleander
Pfaffenhütchen
Rhododendron
Roter Fingerhut
Seidelbast
Tollkirsche

Bei diesen Pflanzen sind **Stängel und Blätter besonders giftig:**
Lebensbaum
Wasser-Schwertlilie

Bei diesen Pflanzen sind die **Zwiebeln giftig:**
Narzisse
Tulpe

Buchstaben ordnen: Vorsicht: Giftig!

Manche Früchte sehen verlockend aus, sind aber sehr gefährlich! Hier sind verschiedene Früchte abgebildet, die zum Teil sehr giftig sind. Male die Zeichnungen mit Buntstiften an. Wenn du die Früchte nicht kennst, schau in einem Pflanzenführer nach, welche Farbe sie haben.

Wenn du die gekennzeichneten Buchstaben in den Pflanzennamen in die richtige Reihenfolge bringst, ergeben sie den Namen eines Baumes. Ein Tipp: Der Name täuscht! Er verrät dir nämlich überhaupt nichts darüber, dass die kleinen Blätter dieses Baumes giftig sind.

Es ist der __ __ __ __ __ __ __ __ __ __ .

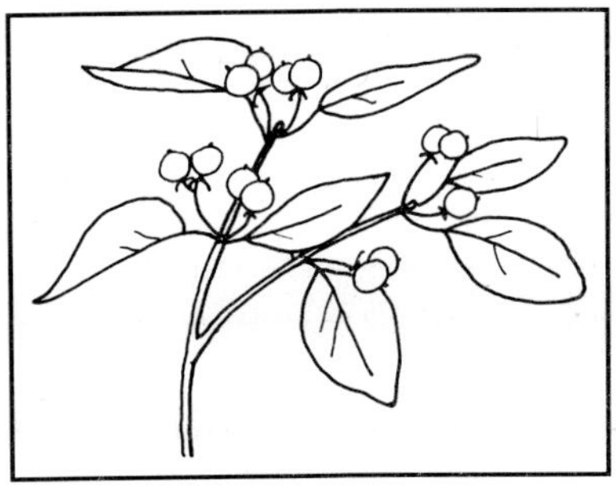

ROTE H**E**CKENKIRSCHE

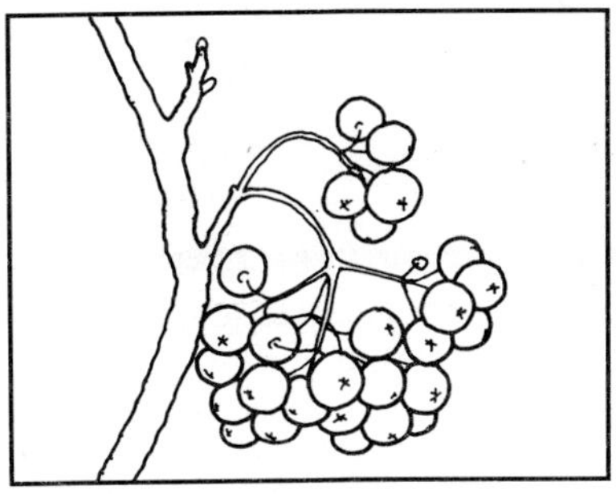

VOGEL**B**EERE

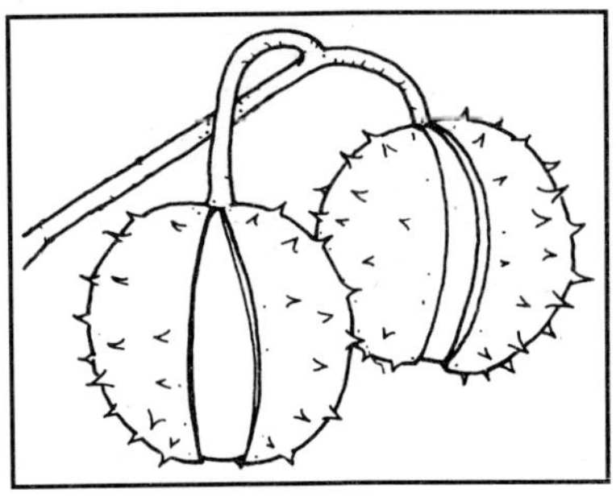

ROSSK**A**STANIE

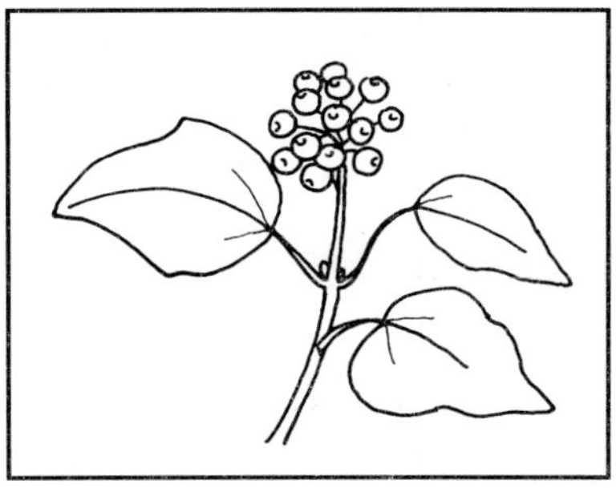

EFE**U**

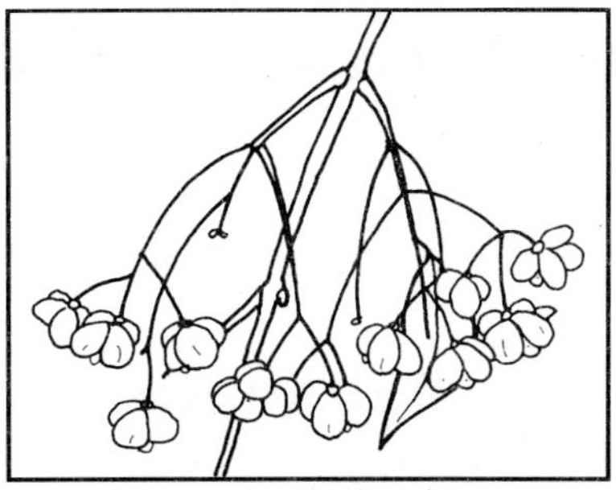

PFAFFE**N**HÜTCHEN

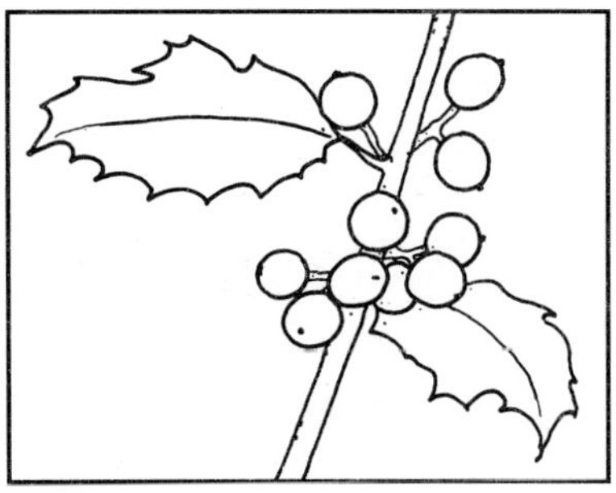

STECHPAL**M**E

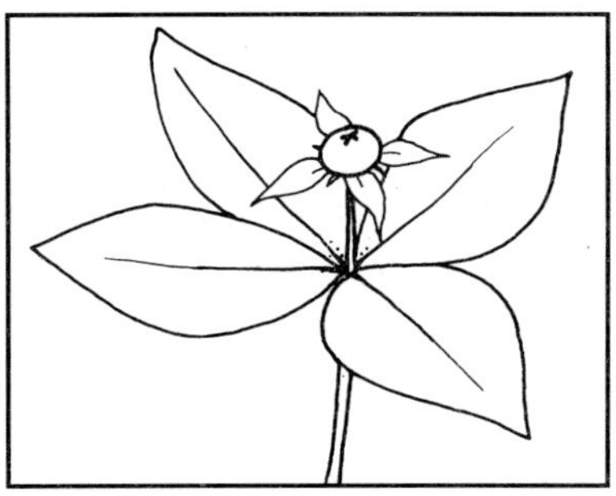

EIN**B**EERE

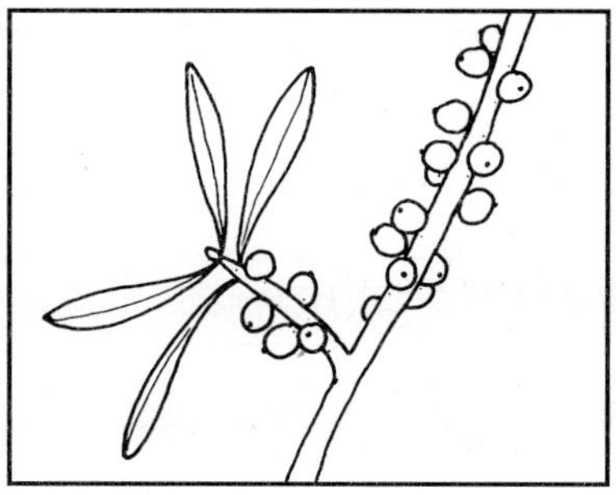

SEIDE**L**BAST

SCHNEEBEERE

TOLLKIRSCH**E**

Quiz: Pflanzen wehren sich gegen Feinde

Klassenstufe	Spieldauer	Mitspieler	Vorbereitung
5./6. Klasse	15 min	Einzelspiel ✏	L: Vorlage kopieren

Einstieg

Giftpflanzen

INFO!
Pflanzen brauchen Tiere, damit ihre Blüten bestäubt und ihre Früchte verbreitet werden. Das dient dazu, dass die Art erhalten bleibt. Aus dem gleichen Grund müssen sich die Pflanzen aber auch vor den Tieren schützen. Denn viele Tiere ernähren sich von Pflanzen.
Pflanzen können nicht weglaufen wie Tiere, die von anderen Tieren gejagt werden. Sie haben andere Tricks, damit sie nicht gefressen werden. Sie machen sich zum Beispiel durch Gift ungenießbar oder wehren sich sogar mit Waffen.

Lösungen

Das Lösungswort heißt: TARNUNG.

T Die Heckenrose verteidigt sich mit Dornen (Umbildungen des Blattes).
A Die Herbstzeitlose schützt sich durch Gift (Colchicin).
R Die Wolfsmilch schützt sich durch Ätzmittel (Saft kann Hautschäden und Blindheit verursachen).
N Die Brennnessel verteidigt sich mit Brennhaaren (Injektion von Ameisensäure, Acetylcholin, Histamin und Serotonin).
U Der Schwarzdorn wehrt sich mit Dornen.
N Der Rhabarber schützt sich durch Kristalle (Oxalate).
G Die Kiefer macht ihre Angreifer unschädlich durch Harz (Bernstein!).

Quiz: Pflanzen wehren sich gegen Feinde

Viele Tiere ernähren sich von Pflanzen. Manche dieser Pflanzen schützen sich wirkungsvoll davor, dass ihre Blätter, Blüten oder Früchte gefressen werden. Hier sind verschiedene „Pflanzenschutzmittel" aufgezählt.

Ergänze die folgenden Sätze. Wähle dazu jeweils den passenden Begriff aus und kreise die entsprechenden Buchstaben ein.

Die Heckenrose verteidigt sich mit
- R Dornen
- S Nadeln
- T Stacheln
- V Haken

Die Herbstzeitlose schützt sich durch
- A Giftstoffe
- E Täuschung
- I Schutzhülle
- O Alarmanlage

Die Wolfsmilch schützt sich durch
- N Brechmittel
- P Tränengas
- R Ätzmittel
- S Nikotin

Die Brennnessel verteidigt sich durch
- M Brenngläser
- N Brennhaare
- O Brechmittel
- P Betäubungsmittel

Der Schwarzdorn wehrt sich mit
- A Hormonen
- E Nadeln
- O Farbstoff
- U Dornen

Der Rhabarber schützt sich durch
- L Giftstoffe
- M Klebstoffe
- N Kristalle
- P Antibiotika

Die Kiefer macht ihre Angreifer unschädlich durch
- F Gift
- G Harz
- H Säure
- K Alkohol

Die gekennzeichneten Buchstaben verraten dir – von oben nach unten gelesen – einen weiteren Trick, den manche Pflanzen zu ihrem Schutz einsetzen.

Es ist ◯◯◯◯◯◯◯

Zuordnen: Pflanzen schützen sich vor Wärme und Kälte

Klassenstufe	Spieldauer	Mitspieler	Vorbereitung
5./6. Klasse	10 min	Einzelspiel ✏	L: Vorlage kopieren

Einstieg

Anpassung an extreme Lebensbedingungen

INFO!
Überall auf der Erde finden wir Pflanzen: in den kalten Polargebieten, in trockenen und heißen Wüstengebieten und in den feucht-warmen Regenwäldern.
Pflanzen sind durch den unterschiedlichen Bau ihrer „Körperteile“ an die verschiedenen Bedingungen angepasst. Pflanzen sind rundherum von einer „Haut“ umgeben – auch die Blüten und Früchte. Meistens ist das eine Schicht von Zellen, die besonders fest sind. Sie schützen die Pflanzen vor Verletzungen. Oft sind diese Zellen auch so gebaut, dass die Blätter oder Früchte nicht austrocknen können.

Lösungen

1 Kohlblätter und Pflaumen
2 Sonnenblume und Edelweiß
3 Kakteen und Dickblattgewächse
4 Stechpalme und Efeu, Winterknospen der Laubbäume

Zuordnen: Pflanzen schützen sich vor Wärme und Kälte

Pflanzen können sich keinen Pullover anziehen, wenn es ihnen zu kalt wird, und keinen Schirm aufspannen, wenn ein Regenschauer kommt. Sie können nicht in den Schatten gehen, wenn die Sonne brennt, und sie können sich nichts zu trinken holen, wenn sie Durst haben.
Wenn wir uns bei einer Wanderung auf extreme Wetterbedingungen einstellen müssen, lassen wir uns in einem Geschäft für Sportartikel und Wanderbekleidung beraten. Elsa und Oliver haben in einem Pflanzenbuch nachgelesen, wie die Pflanzen sich vor Wärme und Kälte, Wind und Regen schützen. Aus einem Werbeprospekt haben sie diejenigen Angebote ausgesucht, die auch für Pflanzen passen könnten.

Aus dem Werbeprospekt:

Seit Generationen bewährt:
Wenn Sie eine Wachsjacke *
anhaben, kann Ihnen
das nässeste Regenwetter
nichts anhaben.
***Jacken aus gewachster Baumwolle von Bee & Co.**
Bestellnummer 1

Sonne - Wüste - Trockenheit
Weit und breit keine Oase?
Kein Grund zur Panik!
Sie brauchen nicht zu verdursten.
Nehmen sie Ihre eigene "Quelle" mit!
RESERVE-QUELL
Praktische Trinkflasche für unterwegs
Passt in jeden Rucksack.
Bestellnummer 3

Setzen Sie Ihre Haut nicht ungeschützt der Sonne aus!
Leichte Kleidung aus
feinen Pflanzenfasern
hält die gefährlichen
UV-Strahlen zurück.
UV-Stopper
der Mini - Sonnenschirm für Ihre Haut
Bestellnummer 2

Draußen . . .
. . . bei Wind und Wetter!
Lederstrumpf - der Allwetter-Overall,
der alle Temperaturschwankungen
ausgleicht.
Material: anschmiegsames, aber widerstandsfähiges
und wasserfestes **Kunstleder.**
Bestellnummer 4

Welche Angebote passen zu welchen Pflanzen? Trage die Bestellnummern in die Kästchen ein.

☐ Bei **Stechpalme** und **Efeu** ist die Außenhaut der Blätter so dick, dass sie wie Leder aussieht. Sie schützt die Blätter im Sommer vor dem Austrocknen und im Winter vor Kälte.

☐ Bei **Sonnenblume** und **Edelweiß** sitzen auf der Außenhaut feine Haare. Sie werfen ein bisschen Schatten und schützen die Blätter vor Sonnenstrahlen.

☐ Die Winterknospen der **Laubbäume** stecken in einem Gehäuse aus festen, lederartigen Schuppen, das sie vor Kälte und Feuchtigkeit schützt.

☐ Die Blätter von **Kohl** und Früchte wie **Pflaumen** sind mit einer wasserdichten Schicht aus Wachs überzogen. Sie vermindert die Abgabe von Wasserdampf.

☐ Bei **Kakteen** und **Dickblattgewächsen** sind im Stängel oder in den Blättern Wasserspeicher eingebaut. Dadurch können die Pflanzen in sehr trockenen Gebieten überleben.

Irrwege: Pflanzen können sich bewegen

Klassenstufe	Spieldauer	Mitspieler	Vorbereitung
5./6. Klasse	5 min	Einzelspiel ✏	L: Vorlage kopieren

Einstieg
Kennzeichen des Lebendigen

INFO!
Nur wenige Pflanzen, wie zum Beispiel Algen, die im Wasser schwimmen, können sich von einem Ort zu einem anderen bewegen. Die meisten anderen Pflanzen sind mit ihren Wurzeln fest in der Erde verankert. Das unterscheidet sie von den meisten Tieren. Es bedeutet aber nicht, dass Pflanzen sich überhaupt nicht bewegen können.
Pflanzen richten sich auf. Das kann man bei Bäumen, die an einem Hang wachsen, gut erkennen. Auch eine Topfpflanze, die umgekippt ist, wächst wieder „nach oben“. Das liegt daran, dass Pflanzenwurzeln immer zum Mittelpunkt der Erde hin wachsen, der Spross wächst in die entgegengesetzte Richtung.
Pflanzen klettern. Schlingpflanzen (z.B. Bohnen) bewegen dabei den ganzen Stängel. Sie winden ihn um andere Äste oder Stangen und halten sich so daran fest. Rankenpflanzen (z.B. Erbsen) wickeln ihre Ranken – das sind umgewandelte Blätter – um Äste oder Mauervorsprünge. Kletterpflanzen (z.B. Efeu) halten sich mit Haftwurzel an Mauern oder Baumrinde fest.
Pflanzen drehen ihre Blätter zum Licht. Pflanzen brauchen Licht, um Nährstoffe herstellen zu können. Sie stellen die Blätter so, dass sie möglichst viel Licht einfangen. Das kann man bei Zimmerpflanzen, die am Fenster stehen, besonders gut beobachten.
Pflanzen öffnen und schließen ihre Blüten. Viele Pflanzen haben bei Sonne und trockenem Wetter ihre Blüten weit geöffnet, damit die Insekten die Pollenkörner holen können. Bei schlechtem Wetter und nachts werden die Blüten wieder geschlossen. Das kann man zum Beispiel bei Löwenzahn gut beobachten. Schneeglöckchen klappen ihre Blüten bei Wärme auf und bei Kälte wieder zu.

Lösungen
Das Lösungswort heißt: LICHT.

Irrwege: Pflanzen können sich bewegen

Fünf Kletterpflanzen haben sich an einem Gitter hoch gerankt. Welche Blüte gehört zu welchem Topf? Trage die Buchstaben auf den Schildern ein. Dann erfährst du, warum die Pflanzen klettern.

Das, was die Pflanzen erreichen wollen, ist _ _ _ _ _.

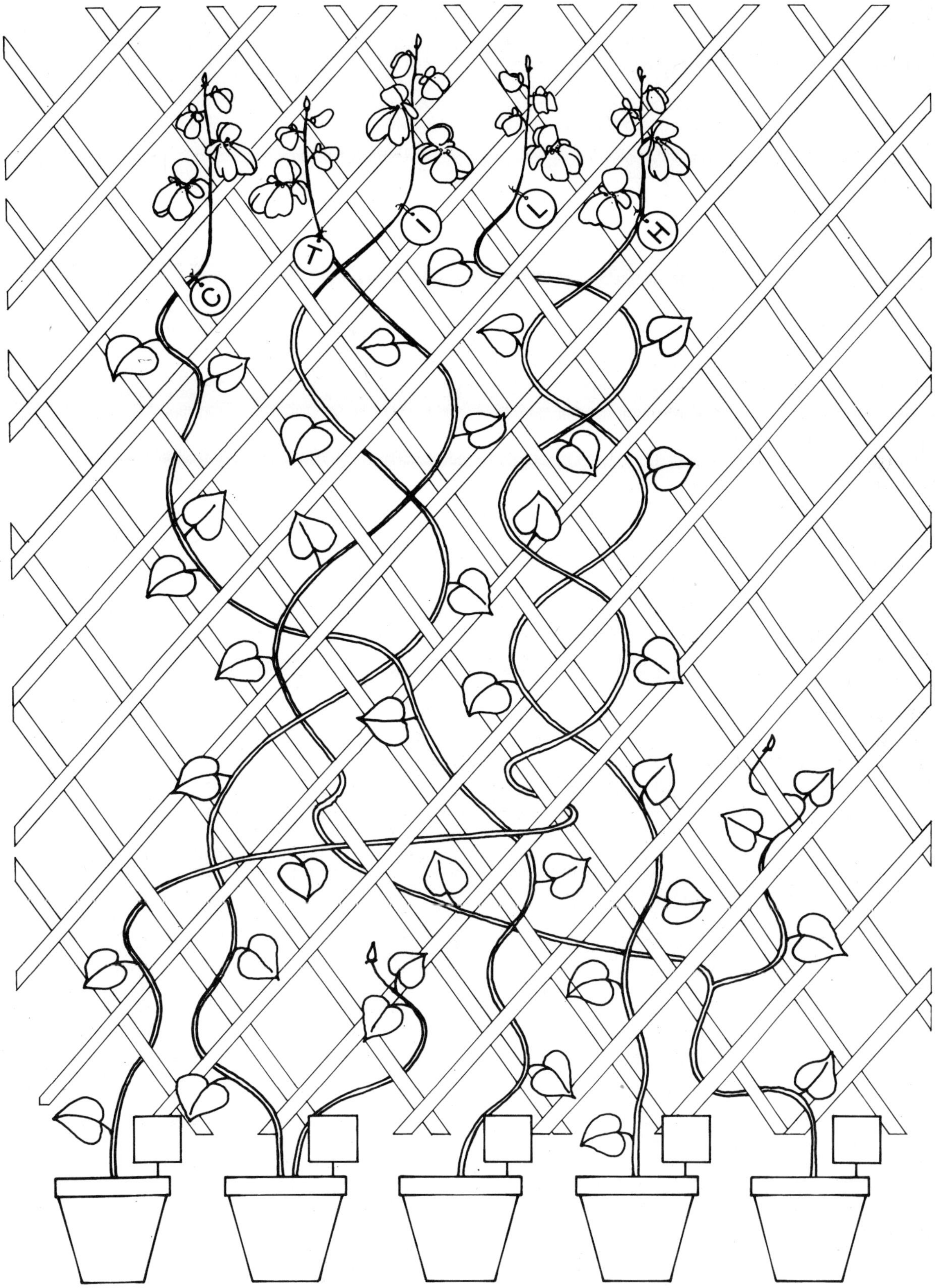